HUME

Saber ser escéptico

GERARDO LÓPEZ SASTRE

Shackleton
books

Acepto la rectitud de la exclamación del poeta sobre los interminables proyectos de la raza humana: «¡el hombre y para siempre!».

David Hume

Hume. Saber ser escéptico

Shackleton books

@Shackletonbooks
shackletonbooks.com

Realización editorial: Bonalletra Alcompas, S. L.
Diseño de cubierta: Pau Taverna
Diseño: Kira Riera
Maquetación: reverté-aguilar

Depósito legal: B23704-2024
ISBN: 978-84-1361-351-2
Impreso por EGEDSA (España)

PEFC
PEFC/14-38-00230
PEFC Certified
www.pefc.org

CONTENIDO

A modo de introducción: ¿Por qué se debe seguir leyendo a Hume?

David Hume llevó a sus conclusiones lógicas el empirismo de John Locke y George Berkeley. Culminó esta tradición filosófica y, con ello, hizo imposible la metafísica: el postular y defender teorías que fueran más allá de la experiencia. Pero Hume es más que el estadio último de la tradición empirista y es más que el pensador que despertó a Kant de su sueño dogmático o el precedente del positivismo lógico del siglo XX...

Nuestro reto debe ser estudiarlo en sí mismo, intentar comprender cómo veía su proyecto filosófico. Y, en este sentido, no puede hacerse mayor injusticia al pensamiento de Hume que «trocearlo», que negarse a verlo como un proyecto integral y excepcionalmente coherente. Por desgracia, este ha sido muchas veces el caso, volviéndolo así irreconocible. Si algo hay de original en este libro es el intento de ver cómo los diferentes temas se van sucediendo unos a otros, cómo cada uno ocupa lo que podemos llamar «su lugar», constituyendo así una verdadera teoría de la naturaleza humana y de todas las dimensiones en las que esta se despliega. A este respecto, Hume pensaba que la naturaleza les dice a los hombres que se entreguen a su pasión por la ciencia, pero también les pide que su ciencia «tenga una referencia directa a la acción y a la sociedad», algo que expresó en su famosa afirmación «sé filósofo, pero en medio de toda tu filosofía continúa siendo un hombre».

En cumplimento de este designio y como «anatomista» de la naturaleza humana, Hume estudió el funcionamiento del entendimiento y su alcance, las cosas que está preparado para conocer (y las que no); asimismo, estudió nuestras pasiones y nuestra moral, y por todo ello se sintió bien preparado para buscar a continuación los fundamentos de la sociedad y propugnar un modelo realista de convivencia humana que haga posible el progreso. Y es que en este punto hay que ser muy claro: atenerse a la experiencia no significa ser conformista, aceptar sin más lo existente (por ejemplo, «el orden dado»). La razón puede organizar la realidad, pero debe hacerlo poniendo sus cálculos al servicio de la satisfacción de nuestros deseos y aspiraciones. Este es el significado de una de sus tesis más conocidas, la que afirma que «la razón es, y solo debe ser, esclava de las pasiones».

¿Cómo se despliega este itinerario? Empieza con la teoría del conocimiento; entre otras cosas, señalando que la razón por sí misma solo nos lleva a las verdades de la matemática, pero que si queremos saber si la caída de un guijarro en la Tierra puede apagar el Sol o si un hombre puede controlar a voluntad la trayectoria orbital de los planetas (cosas que *a priori* podemos concebir perfectamente), debemos acudir a la experiencia. Esta nos enseña que estos hechos no ocurren, pero no nos indica que no puedan ocurrir. Es decir, todo lo que nos transmiten los sentidos aparece como algo contingente, así que tendremos que aprender a vivir con esta contingencia, con creencias basadas en expectativas razonables. Es más, esto tiene la ventaja de evitar el dogmatismo, de hacer que estemos siempre preparados para aceptar las novedades que la experiencia nos pueda aportar.

¿Y qué ocurre con aquello de lo que no nos habla la experiencia? La conclusión es tajante: será mera «jerga», jerga metafísica que por sí sola ya sería ridícula, pero que cuando se mezcla con la superstición se vuelve peligrosa. Por eso las críticas a las nociones metafísicas de «sustancia», «yo» o «necesidad» acaban concretándose en una visión naturalista del hombre y en una crítica a los supuestos fundamentos racionales de la religión. La existencia de una divinidad no puede probarse, y toda la experiencia de que disponemos nos indica que somos seres finitos, cuya vida acaba por completo con la muerte física.

En suma, Hume, antes que Nietzsche, experimentó la muerte de Dios. El hombre se quedó solo. De hecho, siempre lo había estado, pero entonces se reconoció de forma cabal. ¿Es esto un motivo de desesperación? No, es un motivo para modificar nuestro código moral. Debemos reconocer valores como la utilidad y lo inmediatamente agradable, porque solo en esta reconciliación con nuestra naturaleza podemos encontrar la felicidad. Y como nuestra felicidad depende en una medida muy importante de los demás, el orden social es un tema que hay que investigar. Vivir en una sociedad justa, en la que sintamos que nuestros intereses están protegidos, se convierte en algo esencial. En un momento de pesimismo, Hume escribió: «Para un filósofo e historiador, la locura, la imbecilidad y la maldad de la humanidad deberían aparecer como sucesos normales». Pero esto es solo parte de la verdad. También existe el progreso histórico en cuanto a la riqueza y la sociabilidad. Habrá que estudiar qué es lo que lo favorece.

Este es el viaje filosófico, con su punto de partida y su punto de llegada, que animamos a emprender al lector.

Hume, su vida y su contexto social e intelectual

David Hume nació en Edimburgo, Escocia, el 26 de abril (el 7 de mayo, de acuerdo con el actual calendario gregoriano) de 1711, y falleció en la misma ciudad, el 25 de agosto de 1776. Por suerte para nosotros, disponemos de una breve autobiografía, titulada *Mi vida*, que Hume escribió al sentir que su muerte estaba cerca. En ella Hume dice que va a ocuparse de la historia de sus obras, algo que justifica con la afirmación de que empleó casi toda su vida en empeños relacionados con la escritura. En este sentido, fue una existencia plena y feliz; pudo dedicarse casi en exclusiva a lo que verdaderamente deseaba, ya que desde muy joven, confiesa, se despertó en él una pasión por las letras que se convirtió en la fuente de sus mayores satisfacciones. Estamos, pues, ante la biografía de lo que hoy llamaríamos un intelectual, un hombre de letras. Quien busque aventuras más excitantes habrá de mirar en otra dirección y ocuparse de otros personajes.

Sin embargo, antes de exponer su vida, conviene detenerse a pensar en lo que podía significar nacer y vivir en la

Escocia del siglo XVIII. En ese siglo, la sociedad escocesa iba a experimentar transformaciones importantísimas y como resultado de ellas iba a disfrutar de su gran edad de oro, hasta el punto de que Edimburgo se transformaría en lo que se denominó la Atenas del Norte. En 1707 tuvo lugar la unión de Escocia e Inglaterra, que para la primera supuso la oportunidad de participar de los beneficios derivados de los mercados y las colonias inglesas y de dejar atrás así la perenne pobreza que hasta aquel momento la había caracterizado. De hecho, al cabo de cincuenta años nos encontraremos con una sociedad completamente nueva, menos temerosa de Dios según las ideas conservadoras de los mayores, pero con una economía dinámica, floreciente y volcada hacia el progreso material.

Estos cambios correrán paralelos a un esplendor cultural sin precedentes en su historia. Es lo que se conoce como «Ilustración escocesa», conformada por un grupo de pensadores interesados en la teoría del conocimiento, la economía, la historia, la moral, etcétera. No está de más recordar que Adam Smith era contemporáneo y amigo íntimo de Hume. Ambos serán testigos de excepción de este proceso de modernización y, de alguna manera, actores de este, pues buscaron impulsarlo con todas sus fuerzas. En suma, para ellos la Ilustración era un proceso del que se sentían partícipes.

Estudiar en qué consistía para Hume este proyecto ilustrado, su carácter peculiar, va a ser el objetivo de este libro, y pensamos que ahí reside su interés. Al fin y al cabo, resulta imposible negar que somos herederos de la

Ilustración. Otra cosa es cómo valoremos esta influencia, si como una pesada carga, fuente de innumerables males y de un proceso de decadencia moral y religiosa que todavía no ha concluido (y, si esta es nuestra postura, Hume nos interesará muy poco; es más, lo veremos como uno de los responsables intelectuales de esa marcha equivocada de la historia), o como una herencia provechosa que nos permite centrarnos en la única vida que podemos estar seguros de poseer, esta que transcurre en la Tierra, intentando por consiguiente ser felices en ella.

Hume propuso este ideal de una forma coherente y sistemática. Su pensamiento se desplegó en multitud de facetas y aspectos, pero todos apuntaban en una misma dirección: pensaba que podía ayudarnos a cambiar nuestra existencia, orientándonos en cuanto a dónde deberíamos establecer nuestras prioridades a escala personal y social. Perseguía la construcción de un estilo de vida basado en el despliegue de nuestras tendencias naturales y proponía un modelo de sociedad en el que fuera fácil que estas pudieran florecer.

En la medida en que nuestras sociedades occidentales encarnan muchos de los valores que defendió, Hume sigue siendo nuestro contemporáneo, y a otro nivel es una alternativa con la que confrontar otros modelos sociales. Según vayamos profundizando en su pensamiento, iremos viendo que su análisis de la sociedad constituye una gran exposición de la filosofía política que, en un sentido muy amplio, llegó a conocerse más tarde con el nombre de «liberalismo». Cuando termine la lectura de este libro,

Retrato de David Hume, realizado por Allan Ramsay en 1754. El filósofo escocés fue, junto a su amigo Adam Smith, uno de los principales exponentes del movimiento cultural del siglo XVIII conocido como «la Ilustración escocesa».

el lector puede hacer el provechoso experimento mental de confrontar todo lo que se ha expuesto en él con la realidad de cualquier sociedad en la que predomine con fuerza, y con todas sus implicaciones sociales, una religión monoteísta. Se trata de un buen ejemplo de que la Ilustración tiene todavía mucho que conseguir.

En cuanto a la vida de Hume, las preocupaciones que en un sentido amplio podríamos llamar filosóficas le asaltaron a una edad muy temprana, y seguramente tenían una raíz religiosa. Según le confesó a un conocido, de joven había sido creyente. De hecho, tomándose sus creencias con una gran seriedad, habría emprendido la tarea de comparar su carácter y su conducta con el modelo propugnado en *El deber completo del hombre*, un manual de devoción popular publicado de forma anónima en 1658. Al final de esta obra se ofrecía un catálogo de vicios, y entre los allí enumerados se encontraban no creer que hay un Dios o en su Palabra; pensar que la religión consiste meramente en atender a los sermones, sin practicar su doctrina; envanecerse y tener una elevada opinión de uno mismo en relación con nuestros talentos naturales, honores, riquezas o ingenio; perder el tiempo en compañías ociosas, etcétera. Pues bien, el joven Hume habría resumido este catálogo y habría procedido a examinarse de acuerdo con él. Este procedimiento, comentó, «era una actividad singular; por ejemplo, ver si, no obstante aventajar a sus compañeros de escuela, no tenía orgullo o vanidad».

No sabemos cuándo comenzó exactamente Hume a pensar que su tentativa era, como él mismo manifiesta, «absurda», pero lo cierto es que en un determinado momento la influencia de las representaciones de la virtud y la filosofía que se encontraban en las obras de Cicerón, Séneca y Plutarco le condujo a emprender la tarea de mejorar su carácter, buscando fortalecerse «contra la muerte, la pobreza, la vergüenza, el dolor y todas las otras calamidades de la vida». Tenemos, pues, que si bien en un primer momento Hume intentó ser un cristiano devoto y estricto (seguramente de acuerdo con las doctrinas calvinistas de la época), después trató de convertirse en algo parecido a un estoico romano. La verdad es que los resultados de la unión de este último empeño con una vida fervientemente dedicada al estudio no pudieron ser peores. En los últimos meses de 1729, la «enfermedad de los sabios», la melancolía o *spleen*, se apoderó de él. Situación que en una carta comparó con la de los místicos franceses y los entusiastas religiosos ingleses, pues:

> Cuando ofrecen una narración de la situación de sus almas, mencionan una frialdad y abandono del espíritu que frecuentemente retorna, y algunos de ellos, al principio, se han visto atormentados con estos síntomas durante muchos años. Como esta clase de devoción depende totalmente de la fuerza de la pasión y, consecuentemente, de los espíritus animales, he pensado a menudo que su caso y el mío eran bastante paralelos, y que sus contemplaciones entusiastas podían descomponer las estructuras de los nervios y del cerebro, igual que las reflexiones profundas y ese entusiasmo y calor que es inseparable de ellas.[1]

A fin de librarse de su dolencia, a Hume no le quedó otro remedio que dejar de lado por algún tiempo sus estudios y dedicarse a un tipo de vida más activa. Así, en 1734, fue a Bristol para trabajar en las oficinas de un importante comerciante. Después de unos meses consideró que estaba en condiciones de reanudar sus estudios, y para ello se desplazó a Francia. Sus años de residencia

[1] *The Letters of David Hume*. Edited by J. Y. T. Greig, 2 volumes, Oxford University Press, Oxford, 1932, vol. I, p. 17. Hay que resaltar el hecho de que Hume ofrezca una explicación científica, naturalista, del estado mental peculiar de los místicos.

en este país los empleó en la elaboración de la que, sin duda alguna, es su obra más importante, el *Tratado de la naturaleza humana.*

Puesto que una cosa es escribir una obra y otra muy diferente publicarla, procedió a lo que en la carta a un amigo denominó «castrar» su obra; es decir, suprimir sus partes nobles, intentando así que ofendiera lo menos posible.[2] Seguramente, esta labor de expurgo consistió en liberar a su escrito de una crítica a la credibilidad de los milagros cristianos y de su argumentación de que todo lo que sabemos nos lleva a pensar que somos seres mortales, finitos, sin ningún cielo o infierno que esté esperándonos tras la muerte. En todo caso, ambos temas aparecerían más tarde en otras obras suyas, y aunque así desaparecieran las críticas explícitas a las doctrinas religiosas en la obra tal y como se publicó finalmente, el lector atento no dejaría de observar que en ella la religión brillaba por su ausencia. Era como si no existiera, como si no tuviera ningún papel que desempeñar en la vida humana. De hecho, en un determinado momento se destaca la universal despreocupación e incredulidad de los hombres con respecto a una vida futura tras la muerte. Una incredulidad que parece hacer extensiva al conjunto de las creencias religiosas, pues solo así se explica, dice Hume, que los hombres encuentren placer en ser aterrorizados en cuestiones de religión y que, como sin duda él mismo habría tenido la ocasión de observar en la Escocia

2 Véase *New Letters of David Hume*. Edited by Raymond Klibansky and Ernest. C. Mossner, Oxford University Press, Oxford, 1954, p. 3.

de su niñez, los predicadores más populares sean los que excitan las pasiones más lúgubres y melancólicas. Como concluye Hume:

> En los asuntos normales de la vida, donde sentimos y estamos penetrados por la solidez del tema, nada puede ser más desagradable que el miedo y el terror; y es solo en las obras de teatro y en los discursos religiosos que estos causan placer. En estos últimos casos, la imaginación reposa indolentemente en la idea; y la pasión, suavizada por la falta de creencia en el tema, no siente más que el efecto agradable de avivar la mente y fijar la atención.[3]

En resumidas cuentas, ir a la iglesia es como ir al teatro; uno va allí a entretenerse, pero sin creer en lo que en ese lugar se representa.

Si aparte de esta pulla la obra no habla de religión, ¿de qué se ocupa entonces el *Tratado*? La obra consta de tres libros. Los dos primeros («Del entendimiento» y «De las pasiones») fueron publicados en 1739; el tercero («De la moral»), en 1740. El tema es por tanto la ciencia del hombre en todas sus dimensiones, determinar cómo conocemos, hasta dónde alcanzan nuestras facultades,

[3] David Hume: *A Treatise of Human Nature*. Edited with an Analitical Index by L. A. Selby-Bigge. 2nd edition with text revised and variant readings by P. H. Nidditch. Clarendon Press, Oxford, 1985, Libro I, Parte III, Sección IX, p. 115. De ahora en adelante citaremos esta edición en el texto principal como *Treatise*, seguido de los números romanos que indicarán el libro, la parte, y la sección, y de uno o varios números arábigos que corresponderán a la página o las páginas de la cita.

qué pasiones nos mueven a actuar, cómo es nuestro comportamiento y qué tipo de organización social y política es la más adecuada para esa naturaleza humana.

Pocas veces un autor se ha sentido más orgulloso de su obra y ha sido más consciente de su importancia, y pocas veces el fracaso ha sido tan grande. El mismo Hume escribió en su autobiografía: «Jamás intento literario alguno fue más desafortunado que mi *Tratado de la naturaleza humana*. Salió muerto de la imprenta, sin alcanzar siquiera una distinción tal que provocara un murmullo entre los fanáticos».[4] Y eso que Hume se aseguró de la publicación de un *Resumen* de la obra, una especie de larga reseña escrita por él mismo, en la que se refería al autor del *Tratado* en tercera persona y en la que intentaba aclarar sus puntos más originales.

En cualquier caso, parece que esta falta de éxito se debía fundamentalmente a dos motivos: a sus deficiencias estilísticas —y ello en una época dominada por el ideal de la elegancia literaria— y a que sus argumentos tendían a ser demasiado largos y complejos. Resultaba evidente, entonces, que si Hume quería dar a conocer sus teorías filosóficas tenía que buscar un nuevo vehículo para expresar sus pensamientos. La solución a este problema se materializó en su decisión de escribir ensayos.

[4] *My Own Life*, autobiografía recogida en *David Hume: Essays Moral, Political, and Literary*. Edited with a Foreword, Notes and Glossary by Eugene F. Miller. Liberty*Classics*, Indianapolis, 1987, XXXIV. A partir de ahora citaremos esta obra en el texto principal como *My Own Life*, seguido de los números romanos de esta edición.

Así pues, en 1741 Hume publicó de forma anónima (al igual que el *Tratado de la naturaleza humana*) un volumen de *Ensayos morales y políticos*, y un segundo volumen saldría a la luz en enero de 1742. La variedad de temas que Hume trata en estos ensayos es muy amplia. Su mirada filosófica se ocupa tanto de la libertad de prensa o de la superstición y del entusiasmo religioso como de la avaricia; tanto de la dignidad de la naturaleza humana y del estudio de la historia como del amor y el matrimonio, la poligamia y el divorcio.

Pero lo que nos interesa resaltar aquí es que, como cabía esperar, su estilo elegante y ameno obtuvo inmediatamente la aceptación del público. Hume pensó que su experimento había tenido éxito. Había encontrado la forma de impulsar el resto de su filosofía, que reconocía que era de una naturaleza más duradera, aunque también más difícil y trabajosa. En suma, es fácil que se sintiera confiado en el planteamiento de que tenía que exponer las ideas del *Tratado* de forma ensayística, y se volcó con entusiasmo en este proyecto.

Mientras tanto, iba a descubrir que esa obra no estaba tan muerta como pensaba, pues su aura de incredulidad religiosa le impidió obtener una cátedra de Ética en la Universidad de Edimburgo en 1745. Y, puesto que de alguna manera necesitaba ganarse la vida, se convirtió en el tutor de un joven marqués, que resultó ser víctima de demencia, con lo que poca ayuda o instrucción pudo proporcionarle Hume. Más tarde acompañó como secretario a un general en una incursión militar algo ridícula cuyo primer objetivo era Canadá, pero que acabó en las costas francesas (los mapas para la pretendida invasión fueron comprados a última hora en una librería, pues, en la precipitación de los albores del proyecto, no disponían de ninguno; cuando los militares de la ciudad francesa a la que sitiaron fueron a rendirse, se encontraron con que los británicos, convencidos de que no tenían ninguna posibilidad de ocuparla, se habían marchado). Poco después participó en una misión diplomática que recorrió diversos países europeos.

Sin embargo, en medio de estas ocupaciones, mantuvo su proyecto de lograr exponer sus ideas filosóficas en un formato atractivo. Un primer fruto iba a aparecer en 1748, cuando se publicaron los *Ensayos filosóficos sobre el entendimiento humano* (obra que algo más tarde pasaría a titularse *Investigación sobre el entendimiento humano*), una nueva presentación de las ideas más importantes del Libro I del *Tratado*, y en la que, ya en su sección primera, expresaba de forma magistral el carácter antimetafísico de su pensamiento y el objetivo de este, la defensa de la ciencia y la crítica a la religión:

> Aquí, en efecto, se halla la más justa y verosímil objeción a una considerable parte de la metafísica: que no es propiamente una ciencia, sino que surge, bien de los esfuerzos estériles de la vanidad humana, que quiere penetrar en temas que son totalmente inaccesibles para el entendimiento, bien de la astucia de las supersticiones populares que, siendo incapaces de

Un carácter alegre

En esta carta de Hume a su amigo William Mure of Caldwell, aparecen muchos de los rasgos de su carácter. Podemos apreciar un Hume alegre y divertido, que muestra su aprecio por la escritura, el ingenio y la ironía:

> Tomé la pluma, la mojé en tinta y adopté la postura de escribir, sin haber pensado antes en un tema ni haber preparado un solo pensamiento con el que poder entretenerle a usted. Puse mi confianza en mi mejor Genio, pidiéndole que me ayudase en un caso de tan urgente necesidad. Pero habiéndome rascado tres veces la cabeza y mordido las uñas otras tres, nada se me presentó y arrojé la pluma con gran indignación. «¡Oh, tú, instrumento de aburrimiento! –dije–. ¿Me abandonas cuando más te necesito y demuestras ser tan falsa amiga? ¿Tienes una repugnancia secreta a expresar mi amistad para con el leal Mure, que te conoce demasiado bien como para fiarse de tus caprichos, y que jamás te toma en sus manos sin disgusto? Sin embargo, yo, pobre de mí, he puesto en ti mi mayor confianza; y renunciando a la espada, a la toga, a la casaca y a la *toilette*, me he entregado solo a ti con la esperanza de lograr fortuna y fama. ¡Fuera de aquí! ¡Fuera! Vuelve al ganso de donde viniste. Con él servías para algo cuando lo propulsabas por las regiones etéreas.

¿Por qué, entonces, arrancada de su ala y puesta en mi mano, no reconoces que entre esta y tu lugar de origen hay una cierta semejanza, y no me haces a mí el mismo servicio, prestando ayuda a los vuelos de mi pesada imaginación?»

Así acusada, la pluma se puso a sí misma en pie, se colocó entre mis dedos índice y pulgar, y se movió sobre el papel a fin de informarle. [...] Pero para no seguir diciendo más tonterías (gracias a las cuales, sin embargo, me alegra haber podido llenar una hoja de papel): llegué aquí hace unas tres semanas; tengo buena salud y estoy profundamente sumergido en los libros y en el estudio. Dígale a su hermana, Miss Betty (después de saludarla de mi parte), que soy tan serio como ella imagina que un filósofo debería ser: solo me río una vez cada quince días; suspiro tiernamente una vez por semana, pero tengo aspecto malhumorado en todo momento. En breve, ninguna de las metamorfosis de Ovidio mostró jamás un cambio tan absoluto de una criatura humana en una bestia; quiero decir, pasar de ser un hombre galante a ser un filósofo.

(En David Hume: *Escritos epistolares*.
Edición de Carlos Mellizo.
Editorial Noesis, Madrid, 1998, pp. 35-36.
El autor ha modificado alguna palabra
de la traducción que ofrece Carlos Mellizo
para mantenerse más fiel al original inglés).

> defenderse lealmente, levantan estas zarzas enmarañadas para cubrir y proteger su debilidad. Ahuyentados del campo abierto, estos bandidos se refugian en el bosque y esperan emboscados para irrumpir en todas las vías desguarnecidas de la mente y subyugarla con temores y prejuicios religiosos. Incluso el antagonista más fuerte, si por un momento abandona la vigilancia, es reducido. Y muchos, por cobardía y desatino, abren las puertas a sus enemigos y de buena gana les acogen con reverencias y sumisión como sus soberanos legítimos.[5]

Un segundo fruto del intento de presentar de otra forma las ideas del *Tratado* aparecería a finales de 1751: la reformulación del Libro III, «De la moral», bajo el título *Investigación sobre los principios de la moral.* Cuando Hume se ocupe de esta obra en su autobiografía, escribirá: «En mi opinión (que no debería juzgar este tema), es incomparablemente el mejor de todos mis escritos, sean estos históricos, filosóficos o literarios» (*My Own Life*, XXXVI). Una cosa, desde luego, es cierta. Pocas veces en la historia de la filosofía se han sabido unir tan bien el análisis riguroso y la profundidad con la claridad expositiva y la elegancia estilística como Hume lo hizo en dicha obra, buscando conscientemente desembarazar a la

[5] David Hume: *Investigación sobre el conocimiento humano.* Traducción, prólogo y notas de Jaime de Salas Ortueta. Alianza Ed., Madrid, 2.ª reimpresión, 1990, pp. 25-26. De ahora en adelante citaremos esta edición en el texto principal como *Investigación*, seguido de un número que indicará la sección, y luego del número de la página correspondiente.

ciencia moral —las expresiones son suyas— de especulaciones superfluas y poniéndola al alcance de todo tipo de lectores.

Mientras se iban publicando sus obras e iban obteniendo el reconocimiento que sin duda merecían, también volvió a fracasar en una nueva tentativa de obtener una cátedra en la universidad, en este caso en Glasgow. Con todo, tuvo el consuelo de lograr, en Edimburgo, la plaza de bibliotecario del Colegio de Abogados, lo que significaba que tenía a su disposición una biblioteca magníficamente dotada. Fue así que pudo escribir su *Historia de Inglaterra*, una extensa obra cuyo primer volumen, dedicado a la Casa de los Estuardo, recibió los reproches de todo el mundo. Ingleses, escoceses e irlandeses, librepensadores y creyentes, los dos partidos de la época (a los que podríamos llamar los liberales y los conservadores), todos se unieron por una vez en sus críticas a Hume, quien, sin embargo, se consideraba el único historiador que se había mostrado completamente independiente de los poderes constituidos, las autoridades del momento y los prejuicios populares. Reconocerá que fue presa del desánimo y escribirá que:

> [...] de no haberse estado produciendo entonces la guerra entre Francia e Inglaterra, sin duda me habría retirado a alguna ciudad de provincias del primero de estos reinos, habría cambiado de nombre, y nunca habría retornado al país de mi nacimiento (*My Own Life*, XXXVII).

Afortunadamente, que este proyecto no fuera viable hizo que continuara con la redacción de su *Historia*, que al final, una vez completada, se convirtió en un gran éxito editorial. El resultado de este proyecto no fue solo la fama. Hume llegó a ser no solo independiente económicamente, sino también a alcanzar, nos dirá orgulloso, una cierta opulencia. Ello le llevó a tomar la decisión de no volver a salir de Escocia y disfrutar allí de una vida social repleta de buenos amigos.

Sin embargo, no tardaría en cambiar de opinión. En 1763, recibió una invitación para ejercer las funciones de secretario de recién nombrado embajador británico en París, invitación que, tras algunas dudas, terminó aceptando. La acogida que tuvo en la capital francesa fue poco menos que apoteósica. Encontró abiertas las puertas de los más famosos salones y descubrió que era admirado tanto por las damas más elegantes como por los filósofos más importantes. Llegaría así a trabar una buena amistad con Diderot, D'Alembert y el barón de Holbach.

En cuanto al mundo femenino, mantuvo una relación especial con Hippolyte de Saujon, condesa de Boufflers en virtud de su matrimonio, quien ya le había escrito unos años antes para felicitarle por su *Historia de Inglaterra*. La relación de esta dama con Hume ha sido descrita de formas muy distintas. Debemos tener en cuenta que era la amante oficial del príncipe de Conti y que esperaba casarse con él tras la muerte de su marido. Sobre su moral personal dice mucho que censurara a una amiga íntima por relacionarse con Madame Pompadour, de la que afirmó que, después de todo, solo era la primera prostituta del reino. A lo que su amiga, algo molesta, replicó que mejor no le preguntara cuáles eran la segunda y la tercera. Cuando se tuvo noticia pública de esta réplica, la condesa de Boufflers se sintió bastante perturbada, lo que quizá pueda entenderse si nos tomamos en serio su afirmación de que, con sus palabras, deseaba devolverle a la virtud lo que le quitaba con sus actos.

Seguramente, es imposible llegar a saber con certeza hasta dónde llegó su amistad con Hume o si hubo algo más. Circulaba la opinión de que Hume estaba locamente enamorado de la condesa, y Hume escribió que la relación le había salvado de una indiferencia total hacia todas las cosas de la vida. Aun así, mucho más importante que las habladurías y que el comentario de Hume, es el hecho de que fue seguramente gracias a los buenos oficios de la condesa que este acabó convirtiéndose en protector de Rousseau y acompañándolo a Inglaterra.

Al parecer, Rousseau y Hume no consideraban que tuvieran nada de qué hablar a nivel filosófico y, desde luego, en su correspondencia cruzada no hay diálogo en el terreno de las ideas. Pero si Rousseau necesitaba protección y apoyo, Hume estaba dispuesto a ofrecérselos. Rousseau llevaba tiempo siendo perseguido y acosado (en 1762, el Parlamento de París había ordenado que su obra *Emilio* fuera despedazada y quemada, y su autor, apresado), y se veía obligado a desplazarse continuamente de un lugar a otro y a vivir en una especie de exilio permanente. En este contexto, Hume se ofreció a acompañarle a Gran Bretaña

Punto de encuentro entre Rousseau y Hume

A pesar de sus diferencias y su enemistad final, Hume habría estado muy de acuerdo con lo que Rousseau escribe en su obra *Discurso sobre el origen y los fundamentos de la desigualdad entre los hombres*:

> Con placer vemos al autor de *La fábula de las abejas*, forzado a reconocer al hombre como un ser compasivo y sensible, salir, en el ejemplo que de ello nos da, de su estilo frío y sutil, para ofrecernos la patética imagen de un hombre encerrado que percibe fuera a una bestia feroz arrancando del regazo de su madre a un niño, destrozando bajo su dentadura asesina los débiles miembros y desgarrando con sus uñas las entrañas palpitantes de ese niño. ¡Qué horrible agitación no experimenta ese testigo de un suceso en el que ningún interés personal tiene! ¡Qué angustias no sufre ante esta visión

y ocuparse allí de su bienestar. Terrible error, puesto que, tras el entusiasmo inicial, Rousseau llegó a ver esta empresa como un intento de desprestigiarlo, someterlo a cautiverio y, a buen seguro, unas cuantas maldades más de concreción dudosa. Sus cartas acusatorias, la defensa de Hume de su inocencia, la recepción de toda esta polémica en los círculos parisienses, los comentarios de los periódicos del momento...; podemos imaginarnos el escándalo entre los miembros de la república de las letras.

por no poder llevar ningún socorro a la madre desvanecida ni al hijo moribundo! (Jean-Jacques Rousseau: *Del contrato social. Discurso sobre las ciencias y las artes. Discurso sobre el origen y los fundamentos de la desigualdad entre los hombres*. Prólogo, traducción y notas de Mauro Armiño. Alianza Ed., Madrid, 3.ª ed., 1985, pp. 236-237).

Jean-Jacques Rousseau a la edad de 41 años. Retrato realizado por Quentin La Tour.

El autor de *La fábula de las abejas* es Bernard Mandeville (1670-1733). El subtítulo de la obra, *o los vicios privados hacen la prosperidad pública*, ya es indicativo de su carácter polémico y provocador.

Resulta comprensible que Hume —acuciado por el miedo a cómo quedara retratado ante la posteridad, a cómo apareciera toda esta historia en *Las confesiones* de Rousseau, una pluma brillante donde las hubiera— se sintiera impulsado a dar a conocer al público su visión de las cosas.[6] Visto el tema con perspectiva, lo triste es que no comentaran sus respectivas obras filosóficas,

6 Véase David Hume: *Mi disputa con Rousseau*. Edición, traducción y epílogo de José Luis Tasset. Laetoli, Pamplona, 2023,

porque las similitudes en algunos aspectos, y las enormes diferencias en otros, hubieran hecho de la comparación de sus opiniones y de su respectiva crítica filosófica algo magnífico.

Después de ocupar algún puesto importante en la Administración, secuela de su empleo en París, Hume se estableció ya definitivamente en Edimburgo en 1769 y reanudó su vida social. Fueron años felices, hasta que, según sus propias palabras, en la primavera de 1775 experimentó un trastorno intestinal que al principio no le alarmó, pero que luego descubrió que era incurable y de naturaleza mortal.

Ante la inminencia de su fallecimiento, y según nos cuenta Adam Smith en una carta dirigida a William Strahan, Hume se entretuvo inventando algunas excusas graciosas que imaginaba que podría darle a Caronte —el barquero encargado de pasar a los difuntos de una orilla a otra de la laguna Estigia, de acuerdo con la mitología griega— e imaginando lo que este respondería. Así, empleando una excusa, Hume le diría: «Ten un poco de paciencia, buen Caronte. He estado intentando abrir los ojos del público. Si vivo unos pocos años más, puedo tener la satisfacción de ver la caída de algunos de los sistemas de superstición que hoy prevalecen». A lo que Caronte, perdiendo toda su moderación y compostura, contestaría: «Pícaro holgazán, eso no pasará en cientos de años. ¿Te imaginas que voy a concederte una prórroga tan larga? Súbete a la barca ahora mismo, pícaro holgazán

Tumba de David Hume en Edimburgo.

y perezoso».[7] Parece evidente, por tanto, que Hume no confiaba en un triunfo generalizado del ateísmo o de lo que hoy llamaríamos agnosticismo, en la desaparición de las creencias religiosas de la vida social; algo que, como veremos, suponía un reto a su pensamiento crítico.

En cualquier caso, Hume conservó ese temple sereno en el poco tiempo que le quedaba de vida. El 20 de agosto de 1776 escribía a la condesa de Boufflers: «Veo sin ansiedad o pesar cómo la muerte se acerca gradualmente» (*Letters*, ed. cit., II, p. 335). Cinco días más tarde, en palabras del doctor Black, el médico que le atendía, fallecía «en un estado de ánimo tan sereno y tranquilo que nada podría superarlo». El entierro tuvo lugar cuatro días después. Una multitud se congregó en la calle para ver la salida del ataúd de la casa. Se oyó que alguien de entre la multitud decía: «Ah, era un ateo», a lo que otra persona replicó: «No importa, era un hombre honesto».

El famoso predicador John Wesley, pensando en la excusa que Hume se había inventado para Caronte, escribió en un sermón: «¿Qué piensas ahora de Caronte? ¿Te ha llevado sobre la laguna Estigia? [...] ¡Por fin sabes que es algo terrible caer en las manos del Dios verdadero!».[8] Seguramente, nunca se le ocurrió pensar que con sus palabras poco caritativas estaba proporcionando un

[7] La carta puede verse en David Hume: *Essays Moral, Political, and Literary*, ed. cit., XLIII-XLIX. En español se encuentra en David Hume: *Mi vida. Cartas de un caballero a su amigo de Edimburgo (1745)*. Edición y traducción de Carlos Mellizo. Con el apéndice «La muerte de David Hume». Alianza ed., Madrid, 1985.

[8] Citado por John Vladimir Price: *The Ironic Hume*. University of Texas Press, Austin, 1965, p. 143.

ejemplo más de ese fanatismo e intolerancia que Hume había intentado combatir durante toda su vida.

De forma póstuma se publicaron sus *Diálogos sobre la religión natural* y dos ensayos breves, «Del suicidio» y «De la inmortalidad del alma», que contenían algunas de las implicaciones más radicales de su pensamiento. Sobre Hume, Adam Smith escribió a modo de conclusión en la ya mencionada carta a William Strahan:

> En conjunto, siempre le he considerado, durante su vida y desde su muerte, como aproximándose tanto a la idea de un hombre perfectamente sabio y virtuoso como la flaqueza de la naturaleza humana puede permitir.[9]

[9] *Essays*, XLIX. Este fragmento se parece mucho a cómo describe Platón a Sócrates al final del *Fedón* (118c): «el mejor hombre, podemos decir nosotros, de los que entonces conocimos, y, en modo muy destacado, el más inteligente y más justo.» (según la traducción de Carlos García Gual). Años después, Adam Smith escribió sobre su carta: «Una sola pieza de papel, y según creía, muy inofensiva, que escribí sobre la muerte de nuestro amigo fallecido, Mr. Hume, me ocasionó diez veces más críticas abusivas que el violentísimo ataque que había realizado contra todo el sistema comercial de Gran Bretaña.» Citado por D. Raphael en *Adam Smith*. Oxford University Press, Oxford, 1985, pp. 25-26.

La teoría del conocimiento

Es indudable que Hume tiene fama de ser uno de los escépticos más importantes de la historia de la filosofía, pero, para un lector atento al conjunto de su obra, ese escepticismo es básicamente teórico y está limitado por las propensiones de nuestra naturaleza. Realmente, el escepticismo tiene un valor preliminar, de «limpieza del terreno», podríamos decir (lo que, entre otras cosas, implica una crítica muy consistente de los argumentos racionales que han intentado legitimar las creencias religiosas), que lo deja libre para elaborar una visión plenamente científica del estudio del comportamiento humano y construir así su propia propuesta moral y política. Luego, a lo que debemos atender es a la intención de Hume: establecer una ciencia del hombre basada en la experiencia y la observación.

Esta apelación a la experiencia puede tener implicaciones casi de sentido común. Por poner un ejemplo de lo que queremos decir con esto: un elemento especialmente llamativo de Hume es que creía en la inferioridad de la raza negra (y también de las mujeres), por lo que no está nada claro que los intereses de las personas de esa raza debieran tenerse en cuenta en igual medida que los deseos y preocupaciones de los miembros de otras razas. Hume, en efecto, escribe lo siguiente en una nota a pie de página de su ensayo «De los caracteres nacionales»:

> Me inclino a sospechar que los negros son por naturaleza inferiores a los blancos. Apenas ha habido nunca una nación civilizada de ese color de piel, y ni siquiera un individuo eminente en la acción o en la especulación. No hay entre ellos manufacturas ingeniosas, ni artes ni ciencias. Por otra parte, los más rudos y bárbaros de los blancos, como los antiguos germanos o los tártaros actuales, tienen sin embargo algo eminente en ellos, en su valor, su forma de gobierno o algún otro particular. Una diferencia tan uniforme y constante no podría ocurrir en tantos países y épocas si la naturaleza no hubiese establecido una distinción original entre estas estirpes de hombres. Para no mencionar a nuestras colonias, hay esclavos negros dispersos por toda Europa, de los que ninguno ha mostrado jamás ningún signo de ingenio, aunque la gente de baja extracción social, sin ninguna educación, progresará entre nosotros y llegará a distinguirse en todas las profesiones. En Jamaica, de hecho, se habla de un negro que es un hombre de talento y cultura. Pero es probable que se le admire por logros menores, como a un loro que llega a pronunciar algunas palabras inteligibles. (*Essays*, ed. cit, p. 208).

¿Cómo reaccionar ante estas palabras? Aquí es donde podría entrar en acción esa vocación empirista que mencionábamos hace un momento: la apelación a la experiencia debería permitir que uno se desprenda fácilmente de los prejuicios que pueda tener o que haya recibido a través de la educación. Hume podría haberse informado mejor sobre el uso del lenguaje entre las personas de raza negra (sin duda, debería haberlo hecho). Y también podemos pensar que, si hubiera vivido unos años más y hubiera tenido ocasión de leer la autobiografía de Olaudah Equiano (un esclavo negro que compró su libertad y que, antes de narrar su vida, trabajó en diferentes barcos, llegando incluso a participar en una exploración del Ártico), habría cambiado de opinión.

En suma, este ejemplo nos enseña que el empirismo es la decisión de aprender de los datos de la experiencia. Podríamos decir que esto no es muy novedoso, pues todos lo hacemos (o deberíamos hacerlo) en nuestra vida cotidiana. Pero uno es empirista cuando piensa que la ciencia ha de utilizar el mismo criterio. En definitiva, cuando piensa que los procedimientos de la ciencia no son un reino aparte, sino la sistematización rigurosa de ese proceder cotidiano en el que resulta bastante evidente la primacía de los sentidos y de los datos que nos aportan.

Desde un punto de vista histórico, la apelación a la experiencia significaba para Hume presentarse como un heredero de la tradición de John Locke y George Berkeley. No obstante, más que mirar hacia el pasado (aunque en breve tendremos que mencionar cómo trató el problema de la sustancia), podemos orientarlo hacia el futuro y considerar que sus investigaciones se ocuparon de lo que hoy en día llamaríamos, por una parte, psicología y, por otra, la metodología de las ciencias humanas o sociales. Intentaba estudiar el comportamiento humano, y lo hacía convencido de que solo podemos examinarlo de la misma manera que estudiamos la actuación de cualquier otro objeto natural, sin que nos sea propio ningún tipo de privilegio que podamos llamar «espiritual».

De acuerdo con lo anterior, el Libro I del *Tratado de la naturaleza humana* (y su reelaboración posterior) es, al menos en una medida muy importante, la exposición que Hume realiza de su metodología científica. No en vano el subtítulo de la obra reza así: *Un intento de introducir el método experimental de razonamiento en los temas morales*. Tenemos, entonces, que uno de los fines fundamentales de la epistemología que Hume propugna es establecer la efectiva posibilidad y legitimidad de las ciencias que tratan de explicar nuestra forma de actuar (una de las cuales es la política), señalando para ello que su método puede y ha de ser el mismo que el de esa física que tan magistralmente había desarrollado poco antes Newton.

Los contenidos mentales

¿Cómo alcanzar este objetivo? Para ello, el elemento fundamental es estudiar en primer lugar qué hay en nuestra mente, al igual que un astrónomo estará interesado en determinar los planetas que componen el sistema solar. Hume teorizará que solo las percepciones están presentes en la mente, y que estas son de dos clases distintas, a las que denomina respectivamente «impresiones» e «ideas», consistiendo su diferencia en los distintos grados de fuerza y vivacidad que poseen. Como escribe nuestro filósofo:

> A aquellas percepciones que entran con mayor fuerza y violencia las podemos llamar *impresiones*; e incluyo bajo este nombre a todas nuestras sensaciones, pasiones y emociones según hacen su primera aparición en el alma. Por *ideas* entiendo las imágenes débiles de aquellas cuando pensamos y razonamos (*Treatise*, I, I, I, 1).

Hay que tener en cuenta que esta terminología es propia de Hume, y bastante diferente del uso cotidiano de estos términos. Para nosotros, una percepción es lo que vemos cuando tenemos los ojos abiertos. En cambio, para nuestro autor «percepción» es todo lo que está en la mente, y, según esos contenidos mentales sean fuertes o débiles, se llamarán «impresiones» o «ideas».

Así, estar enamorado o rabioso es para Hume tener una impresión, mientras que recordar que en mi adolescencia, por ejemplo, experimenté un gran amor es una idea. También deberíamos caer en la cuenta de que la afirmación de que las ideas son «imágenes débiles» de las impresiones no debe entenderse al pie de la letra. Una impresión puede ser una imagen (por ejemplo, la de un cuadro) y la idea correspondiente (cuando recuerde ese cuadro que contemplé en tal museo) será también una imagen. Pero ¿puede tener uno la imagen de un deseo o de un dolor que experimentó en algún momento? Parece que no, lo que no resta validez al principio mencionado, el principio de la copia. Al fin y al cabo, es bastante evidente que recordar haber sufrido un dolor es una experiencia menos vivaz que la original en su primera aparición.

¿Cuál es la relación entre las impresiones y las ideas? El que Hume describa las ideas —aunque, como acabamos de decir, de una manera no muy precisa— como «imágenes débiles» ya nos permite adivinar su respuesta: nuestras ideas son copias de nuestras impresiones, lo cual equivale a decir que nos es imposible pensar algo que no hayamos sentido previamente con nuestros sentidos externos o internos. Un ciego no entenderá de colores ni un sordo de sonidos. Simplemente, a esas personas les falta la experiencia original. De la misma forma, a alguien que jamás hubiera experimentado los celos (o el dolor por la muerte de un hijo) podría decírsele justamente que no sabe qué significan estos sentimientos.

La formulación técnicamente más correcta que nos ofrece Hume de este principio de que las ideas copian a las impresiones es la siguiente: «*todas nuestras ideas simples en su primera aparición se derivan de impresiones simples, a las que corresponden y a las que representan exactamente*» (*Treatise*, I, I, I, p. 4). Hume, en efecto, reconoce que puedo imaginarme una ciudad como la Nueva Jerusalén, cuyo pavimento es de oro y cuyos muros están construidos con rubíes, aunque nunca haya visto tal ciudad. Es decir, se trata de una idea compleja a la que no le corresponde ninguna impresión compleja. Pero es una idea formada por otras ideas simples que sí remiten a sus correspondientes impresiones. En suma, lo que este principio de la copia nos dice es que la experiencia ha de suministrar todos los materiales del pensar. Por esto calificamos a Hume de empirista. Lo cual nos lleva, a su vez, a una pregunta interesante. Acabamos de decir que las ideas provienen de las impresiones, bien porque son copias débiles de las mismas —como si hubieran ido perdiendo intensidad—, o bien porque, si son ideas complejas, se elaboran con otras ideas más simples que también son copias de impresiones.

Pero ¿y las impresiones? ¿De dónde proceden? Las de reflexión no presentan ningún problema, pues surgen en mi interior (el amor, el odio, etcétera). Pero ¿y las de sensación? Hume afirmará tajantemente que desconocemos las causas originarias de las impresiones de nuestros sentidos. Todos creemos que son el producto en nuestra mente de la actuación de un mundo exterior al que representan. Pero ¿podemos estar seguros de esto? ¿Quién nos dice que no tienen su origen en una divinidad que las pone en mi mente? ¿De verdad podemos excluir esta posibilidad, o rechazar que sean un producto de nuestra misma mente, una especie de alucinación? Desde el punto de vista estrictamente teórico, quizá estas sean opciones que no podemos descartar, pero ¿de verdad las creemos, nos las tomamos en serio?

Para Hume esta es la pregunta importante; y aquí hay que admitir que el escepticismo no puede refutarse, aunque al mismo tiempo tampoco nos convence. Más adelante veremos cómo Hume expresa con gran dramatismo esta situación, pero antes debemos profundizar más en las implicaciones escépticas de ese principio de derivación de las ideas respecto de las impresiones.

El mismo Hume propondrá el siguiente criterio de significado:

> Por tanto, si albergamos la sospecha de que un término filosófico se emplea sin significado o idea alguna (como ocurre con demasiada frecuencia), no tenemos más que preguntarnos *de qué impresión se deriva la supuesta idea*, y si es imposible asignarle una, esto serviría para confirmar nuestra sospecha (*Investigación*, 1, p. 37).

Dicho de otra forma, el hecho de que la experiencia proporciona el certificado de autenticidad de nuestras ideas debe hacer que modifiquemos nuestro lenguaje. A lo mejor tenemos que dejar de hablar de determinados temas (Dios, por ejemplo, como veremos dentro de poco) o debemos reinterpretar el sentido de otros. Hume se dota así de un instrumento —la pregunta «¿de qué impresión se deriva esa supuesta idea?»— para utilizarlo ante lo que seguramente son grandes palabras que no tienen nada detrás. Dos ejemplos relacionados en los que se aplica esta forma de proceder son las ideas de «sustancia» y de «yo» o «mente». Un tercer ejemplo, el análisis

Retrato de David Hume, pintado por Allan Ramsay (1766) y expuesto en la Galería Nacional de Escocia.

de la causalidad, es el que le ha hecho más famoso en la historia de la filosofía. Y veremos que, a tenor de su alcance, esto es muy comprensible.

Empecemos por el estudio de la idea de «sustancia». Para Descartes, una sustancia es aquello que puede existir por sí mismo, que no necesita de ninguna otra cosa para existir; en este sentido, para Hume todas nuestras percepciones son sustancias, porque las podemos concebir perfectamente como existentes por separado y sin necesitar de nada que las sostenga en la existencia. Por su parte, Locke observaba que solemos suponer un *substratum* en el que subsisten las cualidades, y al que llamamos «sustancia». Presumimos que las cualidades que observamos pertenecen a una cosa, el soporte de estas. E igualmente debemos creer en una sustancia en la cual subsistan el pensar, el conocer y el dudar. Ahora bien, ¿es compatible la creencia en tales sustancias con el empirismo?

George Berkeley sostendrá que una cereza no es más que una colección de impresiones percibidas a través de los diferentes sentidos y que la mente las une al observar que se acompañan las unas a las otras: el paladar percibe un sabor especial, la vista percibe al mismo tiempo el color rojo y una determinada figura, el tacto percibe una cierta redondez y suavidad, etcétera. Pero no podemos decir que por detrás de todas estas cualidades (como sosteniéndolas) haya algo que las soporte (y esto para Berkeley significaba que no podemos afirmar que haya una sustancia material; en el lenguaje cotidiano, que exista la materia). Nuestra experiencia nos habla de eso que llamamos propiedades, no de sustancias. Esto puede sonar extraño desde el punto de vista del lenguaje, porque una propiedad, ¿no es siempre la propiedad de algo? Sin embargo, podríamos contestar a esta pregunta con la siguiente: ¿deberíamos dejar que una petición que parece que nos hace el lenguaje condicionara nuestra concepción de la realidad, de lo que de verdad podemos estar seguros de conocer? Hume, por tanto, no dudará en escribir en el *Resumen* que redactó para promocionar el *Tratado*:

> No tenemos idea alguna de sustancia de ningún género, puesto que solo tenemos ideas de lo que se deriva de alguna impresión, y no tenemos impresión de sus-

tancia alguna, sea material o espiritual. No conocemos nada sino cualidades y percepciones particulares. En lo que se refiere a nuestra idea de cuerpo, un melocotón, por ejemplo, es solo la idea de un particular sabor, color, figura, tamaño, consistencia, etcétera.

Y pasando ahora al segundo tema, ¿no está nuestra mente en la misma situación que los objetos de los que hablábamos hace un momento, melocotones o cerezas? Un personaje de los *Tres diálogos entre Hilas y Filonús*, de George Berkeley, presenta esta propuesta:

> A mí me parece que de acuerdo con tu propia manera de pensar y como consecuencia de tus propios principios debería seguirse que tú eres solo un sistema de ideas flotantes, sin ninguna sustancia que las soporte. Las palabras no han de utilizarse sin un sentido. Y como no hay más sentido en la sustancia espiritual que en la sustancia material, hay que rechazar tanto la una como la otra.

Pero la respuesta inmediata del personaje que en el diálogo representa a Berkeley no puede ser más tajante:

> ¿Cuántas veces tengo que repetirte que conozco o soy consciente de mi propio ser; y que yo mismo no soy mis ideas sino algo más, un principio pensante y activo que percibe, conoce, quiere y actúa sobre las ideas? Sé que yo, uno y el mismo yo, percibe los colores y los sonidos;

> que un color no puede percibir un sonido, ni un sonido un color; que, por tanto, soy un principio individual, distinto del color y del sonido; y, por la misma razón, de todas las demás cosas sensibles e ideas inertes.[10]

No obstante, en lo que parece una respuesta directa a Berkeley, Hume va a dejar claro que no está dispuesto a admitir excepciones en su análisis de la idea de «sustancia», aunque se trate del propio yo:

> Por mi parte, cuando entro más íntimamente en lo que llamo *mí mismo* tropiezo siempre con una u otra percepción particular, sea de calor o frío, de luz o sombra, de amor u odio, de dolor o placer. Nunca puedo atraparme a *mí mismo* en algún momento sin una percepción, y nunca puedo observar otra cosa que la percepción. Cuando mis percepciones son suprimidas durante algún tiempo, como en un sueño profundo, por ejemplo, durante todo ese tiempo no me doy cuenta de *mí mismo*, y puede decirse que verdaderamente no existo. [...] Si tras una reflexión seria y libre de prejuicios hay alguien que piense que tiene una noción diferente de *sí mismo*, debo confesar que yo no puedo continuar razonando con él. Todo lo que puedo concederle es que él puede estar tan en lo correcto como yo, y que ambos somos esencialmente diferentes en este particular. El puede, quizá, percibir algo simple

[10] George Berkeley: *Tres diálogos entre Hilas y Filonús*. Traducción y edición de Gerardo López Sastre. Espasa Calpe, Madrid, 1996, tercer diálogo, pp. 139-140.

> y continuo a lo que llama *sí mismo*, pero yo sé con certeza que en mí no existe tal principio.
>
> Pero dejando a un lado a algunos metafísicos de esta clase, puedo aventurarme a afirmar del resto de la humanidad que no son sino un haz o colección de percepciones diferentes, que se suceden entre sí con rapidez inconcebible y están en un perpetuo flujo y movimiento (*Treatise*, I, IV, VI, p. 252).

Luego no existe un yo como algo distinto de los procesos mentales transitorios. Nuestra idea de mente es solo la idea de un montón de percepciones particulares, sin la noción de cosa alguna a la que llamamos «sustancia». No somos conscientes del yo como algo que esté detrás de los eventos mentales. Solo somos conscientes de nuestras emociones, deseos y otros contenidos mentales. Dicho muy tajantemente: «La mente no es una sustancia en la que inhieran las percepciones». Las percepciones no pertenecen a la mente, sino que la componen.

Sin embargo, este planteamiento, al que Hume se ve conducido de forma plenamente coherente desde su postura empirista, presenta al menos dos problemas importantes. Puesto que mis percepciones cambian casi continuamente, ¿cómo puedo decir que soy el mismo individuo que el que era hace unos años? Y, en segundo lugar, no queda nada claro cuáles son mis percepciones y cuáles las de otra persona, puesto que hemos dicho que las percepciones no son propiedad de una sustancia. En última instancia, ¿a qué remite ese «mi» que tanto nos gusta pronunciar? Si cada uno de nosotros es un haz o colección de percepciones, ¿no puede haber percepciones comunes a más de un haz? No es solo que tengamos que reconocer que nuestra identidad personal es mucho más mutable de lo que normalmente creemos, sino que, además, no parece que sepamos dónde empieza mi persona y dónde acaban las demás. No da la impresión de que la filosofía de Hume pueda explicar esta diferencia, que todos tenemos muy clara.

Una vez vistas estas consecuencias escépticas, parece que ha llegado el momento de obtener una conclusión general. Una de las cosas que hacen del *Tratado* una obra magnífica es que asistimos a la génesis de la filosofía de Hume. No es que tenga un pensamiento elaborado que luego procede a transmitirnos, es que contemplamos el espectáculo de un Hume que está produciendo su filosofía y que no tiene muy claro hacia dónde le va a conducir. Por eso, en un determinado momento, y visto que no sabemos de dónde proceden nuestras impresiones de sensación —es decir, si el mundo que nos rodea es un mundo material, algo que Dios ha puesto en nuestra mente, o un mero producto de esta última— y que tampoco parecemos tener muy clara nuestra identidad personal —qué impresiones e ideas son mías y cuáles no—, parece que Hume se deja llevar por la desesperación. He aquí su conclusión:

> El examen *intenso* de estas múltiples contradicciones e imperfecciones de la razón humana me ha agitado

> tanto, y ha calentado mi cerebro de tal modo, que estoy dispuesto a rechazar toda creencia y razonamiento, y no puedo considerar ninguna opinión ni siquiera como más probable y verosímil que otra. ¿Dónde estoy o qué soy? ¿De qué causas derivo mi existencia y a qué condición retornaré? ¿Qué favores buscaré y a qué furores debo temer? ¿Qué seres me rodean? ¿Sobre cuáles tengo influencia o quienes la tienen sobre mí? Me siento confundido con todas estas preguntas, y comienzo a verme en la condición más deplorable que pueda imaginarse, rodeado de la oscuridad más profunda, y privado completamente del uso de todo miembro y facultad (*Treatise*, I, IV, VII, pp. 268-269).

Pero Hume también nos indica a continuación que esta situación de terrible desconcierto vital no es permanente. Si la razón teórica, el ejercicio del entendimiento, no puede disipar estas nubes, nuestra naturaleza lo hace: «Me cura de esa melancolía y de ese delirio filosófico, bien relajando mi concentración mental o bien por medio de alguna distracción». Esta observación es extraordinariamente importante, pues nos indica que el punto de partida de la filosofía no debe ser que podemos dudar de todo o casi todo, sino que, aunque teóricamente podamos desplegar esa duda, lo cierto es que no condiciona nuestra vida cotidiana (salvo en casos claramente patológicos, podríamos decir).

Lo que nos enseña la experiencia es que para el funcionamiento en nuestra vida normal no necesitamos una fundamentación teóricamente indubitable de nuestras creencias. El punto de partida de la filosofía tiene que ser el reconocimiento de que albergamos creencias naturales que la duda no socava. Si en nuestra naturaleza está un entendimiento que duda, también hay pasiones, deseos e impulsos que nos marcan claramente la dirección de nuestra vida. Una visión integral del ser humano ha de tomar esto en consideración. Por eso, cuando Hume se adentre en el terreno de la moral o la política, es como si sus dudas escépticas sobre la identidad personal no hubieran existido nunca. Y esto no es una inconsistencia de su pensamiento, sino tomar nota de que las personas (insistimos, salvo en casos patológicos) saben muy bien quiénes son, se ven como portadoras de una identidad permanente o muy estable, y saben con certeza cuáles son sus deseos y aspiraciones.

Por tanto, el peligro para nuestra felicidad, lo que nos puede llevar a la melancolía, no son las dudas filosóficas, por muy dramáticamente que Hume las haya expresado en el texto que acabamos de citar. En breve vamos a ver que lo verdaderamente dañino para nuestra felicidad es la influencia de la religión. En el *Tratado*, Hume no se atreve a realizar esta afirmación tajante, pero en sus obras posteriores no será tan cauteloso. De todas formas, antes de analizar su crítica a la religión, es preciso que veamos cómo termina de elaborar su metodología; en definitiva, cómo funcionan esas percepciones que constituyen todo lo que podemos llamar «nuestra mente». ¿Cómo operan? Hume pensaba que, al igual que Newton

La negación budista de la existencia independiente del yo

Numerosos estudiosos han puesto de relieve la similitud entre el análisis de Hume de la idea de «yo» y el pensamiento budista. En efecto, en términos generales y sin mayores matizaciones, para el budismo nunca descubrimos un yo permanente e inmutable, un «sí mismo» como una entidad distinta más allá de la corriente de la vida. Se trata de la «doctrina de la no-alma» (*anatta-vada*), según la cual los individuos no tienen una esencia permanente, sino que son un agregado de cinco componentes: el cuerpo, los sentimientos de placer y dolor, la percepción, las voliciones y la conciencia. Más allá de estos no existe un alma propia. Podríamos decir que no somos más que un conjunto de fenómenos físicos y psíquicos en transformación continua, que se suceden de tal forma que se condicionan estrechamente los unos a los otros.

Sin embargo, la diferencia entre la teoría de Hume y el budismo es que este último es una doctrina de salvación, una vía de liberación que busca las implicaciones prácticas de una proposición («no existe el ego») que en principio es solo teórica. Se piensa pues que, al caer en la cuenta de que no poseemos un alma, ya no podemos ser egoístas o codiciosos. La iluminación, el *nibbana*, es la experiencia de la desaparición de la codicia y de los deseos egocéntricos. Se supone que la apreciación experimental de la verdadera realidad, la desaparición de la ilusión del yo, cambia radicalmente nuestra forma de actuar. En Hume no se encuentra nada parecido.

había determinado las leyes y fuerzas por las que son gobernadas y dirigidas las revoluciones de los planetas, él debía encontrar los principios por los que nuestras percepciones se atraen.

A este respecto, los contenidos de nuestra mente (que constituyen nuestra mente, podríamos decir con más precisión) se relacionan gracias al funcionamiento de tres leyes, la de semejanza, la de contigüidad y la de causación. Es así que, en virtud de la ley de semejanza, un cuadro remitirá nuestra mente al original, que es muy probable que el Palacio Real de Madrid nos incite a pensar en la catedral de La Almudena, pues ambos edificios están al lado uno del otro, o que la idea de humo nos lleve a la de fuego, su causa.

El análisis de la causalidad y la libertad

A propósito de la causalidad, es muy importante que analicemos esta idea. Comúnmente se supone que entre las causas y los efectos hay una relación de conexión necesaria, y que la causa posee algún poder, fuerza o energía que es responsable del efecto. Pues bien, se pregunta Hume, ¿qué es lo que realmente observamos en una relación causal? Su ejemplo más famoso es el del movimiento de una bola de billar que choca con otra que estaba en reposo, que a su vez comienza a moverse a raíz del impacto. Como observador de este suceso, lo único que puedo descubrir son dos cosas:

1. La prioridad temporal de la causa.
2. La contigüidad en el tiempo y en el espacio de la causa y el efecto.

Es decir, percibo que el movimiento que llamo causa es anterior al movimiento que denomino efecto, y percibo el contacto entre las bolas y que no hubo intervalo alguno entre el choque y el movimiento de la segunda bola. Mientras considere un único ejemplo de relación causal —como este del choque de las bolas de billar—, no puedo ir más allá de estas dos circunstancias. Pero si repito el suceso con las mismas bolas u otras del mismo género, y en circunstancias similares, siempre observaré que el movimiento de la segunda bola sigue al de la primera. En suma, descubriré que hay una conjunción constante entre las causas y los efectos. Dicho coloquialmente, que en circunstancias idénticas siempre ocurre lo mismo. De acuerdo con esto —es decir, con lo que percibimos en una relación causal repetida—, Hume propondrá la siguiente definición de causa:

> Un objeto precedente y contiguo a otro, y donde todos los objetos semejantes al primero están situados en una relación parecida de precedencia y contigüidad con aquellos objetos semejantes al último (*Treatise*, I, III, XIV, p. 172).

Pero entonces resulta que no observamos ningún poder en el objeto que llamamos «causa» que provoque necesariamente el efecto en cuestión; no percibimos la conexión necesaria entre las causas y los efectos. En conclusión, no vivimos en un mundo donde percibamos la necesidad como una propiedad de las relaciones entre los objetos, donde podamos saber que las cosas tienen unos poderes que de manera necesaria los llevan a producir determinados efectos. Es solo la experiencia la que nos enseña cómo se comportan las cosas. Antes de lanzarse al agua, un niño no puede saber si flotará o se hundirá.

¿Cuál es, entonces, el origen de nuestra idea de necesidad? Dicho de otra forma, ¿a qué impresión remite? Puesto que, como ya hemos indicado, la conexión necesaria no es algo que se descubra en los objetos relacionados como causa y efecto, la única alternativa que queda es remitirnos a alguna impresión radicada en la mente que percibe ambos objetos; y aquí, precisamente en un sentimiento, va a localizar Hume el origen de la idea. Cuando aparecen muchos casos uniformes de una misma relación —es decir, a la presencia de unos objetos similares le sigue siempre la aparición de otros objetos también similares—, experimentamos una inclinación o propensión a asociar los unos con los otros, y ante la aparición de un suceso la mente se ve conducida por hábito a la idea de su acompañante usual y a creer que este existirá. Esta conexión que *sentimos* en la mente, esta transición acostumbrada de la imaginación desde un objeto a su acompañante habitual, es el sentimiento o impresión a partir del que formamos la idea de poder o conexión necesaria.

De acuerdo con esta conclusión, Hume ofrece una nueva definición de causa:

> Un objeto precedente y contiguo a otro, y unido con él en la imaginación de tal forma que la idea de uno determina a la mente a formar la idea del otro, y la impresión de uno a formar una idea más vivaz del otro (*Treatise*, I, III, XIV, p. 172).

Pongamos un ejemplo que podría parecer que contradice el planteamiento de Hume. Imaginemos dos relojes situados uno al lado del otro y que, cuando uno marca la hora a la que suena la alarma y esta comienza a sonar, inmediatamente después suena la alarma del segundo reloj. Es evidente que, después de que esto pasara unas cuantas veces, generaríamos una expectativa y que, cada vez que oyésemos la alarma del primero, esperaríamos oír la del segundo. Hay prioridad de un sonido en relación con el otro, hay contigüidad espacio-temporal (pues hemos dicho que los relojes están situados uno al lado del otro, e inmediatamente después de que se active la primera alarma suena la otra) y hay conjunción constante, pues siempre ha ocurrido lo mismo. Parece que se dan todas las condiciones en las que Hume descompone una relación causal. ¿Deberíamos concluir por tanto que el sonido del primer reloj es la causa del sonido del segundo?

Alguien convencido del análisis de Hume quizá dijera que sí, que todo autoriza esta conclusión. Pero también debería añadir que podríamos salir de este error si separamos los dos relojes y vemos que el segundo continúa sonando igual, o —mucho más interesante— si el primero deja de sonar y observamos que el segundo sigue haciéndolo. Es decir, se produce lo que considerábamos que era el efecto cuando lo que creíamos que era la causa ha desaparecido. Luego no había una tal relación causal. En resumidas cuentas, la experiencia puede llevarnos a conclusiones erróneas, pero una experiencia más amplia nos libera de las mismas. De hecho, es así como funcionamos en nuestra vida cotidiana y como progresa la investigación científica.

Muy bien, pero cabría preguntarse: ¿por qué creemos que las relaciones causales son necesarias? Lo que ocurre es que la mente humana tiende o propende a «aplicar» o transferir a los objetos exteriores cualquier impresión interna que estos provoquen en ella. De esta manera, esa necesidad, que realmente no es nada más que la determinación de la mente a pasar de la idea de un objeto a la de su acompañante habitual, es proyectada al mundo exterior, y nos vemos impelidos a creer que la necesidad o el poder son cualidades que pertenecen a los objetos y relaciones que observamos. Pero esto es un espejismo. Lo que llamamos «conexión necesaria» no es sino una proyección «hacia afuera» de nuestra confianza en lo que va a ocurrir, de nuestra expectativa, de un cambio que se ha producido en nuestra mente al haberse acostumbrado a una secuencia regular de acontecimientos, de tal forma que aquella anticipa lo que va a suceder.

Es muy probable que el lector de estas páginas no esté muy impresionado por esta conclusión, pero debería caer en la cuenta de que tendemos a dividir el mundo en dos tipos de entidades: los objetos del mundo exterior, donde admitimos (equivocadamente, como hemos visto) que domina la necesidad, y el mundo humano, el reino de nuestras acciones libres. Este es justamente para Hume el error crucial. Hemos visto que en el mundo que solemos llamar «natural» no encontramos relaciones necesarias, sino solo conjunciones constantes que nos llevan a esperar, a anticipar, el efecto acostumbrado. Pero es que en el mundo humano encontramos esas mismas conjunciones constantes; si a la gente la pegan (causa) gritará (efecto), y esto es algo que todos nosotros, tras la experiencia pertinente, podemos prever.

Luego la realidad no está dividida en dos ámbitos, el de la libertad humana y el de la necesidad. Solo hay un mundo. Todas las motivaciones, voliciones y acciones de las personas pueden ser tratadas indiferentemente (y de hecho lo son por todos nosotros en nuestros intentos de explicar o predecir la conducta de aquellas con quienes nos relacionamos) como causas y efectos, según las consideremos en relación con sus consecuentes o con sus antecedentes. Así pues, en virtud de su naturaleza idéntica, los razonamientos que versan sobre los objetos del mundo exterior y los que se refieren al comportamiento humano pueden formar una única cadena de argumentos.

En un expresivo ejemplo que expone Hume, un prisionero que no tiene dinero ni influencias descubre la imposibilidad de escapar tanto por la tenacidad del carcelero (se supone que este no sería tan tenaz si el prisionero tuviera con qué sobornarle) como por los muros y barrotes que le rodean. El mismo prisionero, cuando es conducido al patíbulo, prevé su muerte tan ciertamente en función de la constancia y fidelidad de sus guardianes como por la operación del hacha. Su mente recorre una cierta serie de ideas: la negativa de los soldados a dejarle escapar, la acción del verdugo, la separación de la cabeza del cuerpo, la efusión de sangre, los movimientos convulsivos y la muerte. Aquí hay una cadena en la que están conectadas causas a las que siempre llamamos «naturales» y acciones humanas, pero la mente no siente ninguna diferencia entre ellas.

¿Qué sucede, entonces, con la libertad humana, esa supuesta propiedad presente en nuestro interior? Dentro de este determinismo metodológico que Hume sostiene, solo caben dos sentidos válidos del término «libertad». En primer lugar, está la libertad de espontaneidad, que define como «*el poder de actuar o de no actuar de acuerdo con las determinaciones de la voluntad*; es decir, que si decidimos quedarnos quietos, podemos hacerlo; y si decidimos movernos, también podemos hacerlo» (*Investigación*, 8, p. 119). Se trata claramente de la libertad que poseen todos aquellos que no están presos, encadenados, etcétera. Es decir, es la libertad de ejecutar o realizar nuestros deseos o intenciones. Para Hume, su opuesto sería la violencia o la coerción física, aunque siendo un poco más generosos podríamos admitir (y deberíamos hacerlo) que en este sentido la pobreza también nos hace menos libres, pues nos impide cumplir muchos de nuestros deseos, y que, por el contrario, la riqueza o la salud aumentan el margen de nuestra libertad.

Existe, en segundo lugar, otro significado legítimo de «libertad», una cierta soltura que sentimos en la mente al pasar o no pasar de la idea de una causa a la de un efecto (o a la inversa). Según esta acepción, la libertad es una mera sensación de indeterminación mental, la indeterminación de no saber qué va a ocurrir; no saber predecir un acontecimiento futuro o conocer la causa de algo que ha ocurrido. Muchas veces, en efecto, somos incapaces de explicar o predecir la conducta de las demás personas, pero en innumerables ocasiones también nos sentimos perdidos a la hora de predecir determinados comportamientos de los objetos que nos rodean. No puedo saber cuándo caerán las hojas del árbol de la terraza a la que da mi ventana. Es otoño, y en algún momento lo harán, pero intervienen tantas variables que no puedo preverlo con precisión. No es que piense que un factor que hay que tener en cuenta es que las hojas son libres.

Nuestra experiencia es siempre limitada, y al igual que los sucesos imprevistos del mundo natural deben llevarnos a nuevas investigaciones científicas para descubrir sus causas; cuando seamos incapaces de predecir o explicar la conducta de una persona, no debemos concluir que estamos ante seres que poseen una cualidad especial («la libertad»), sino nuestra obligación de

Hume como precedente del neopositivismo

Una importante corriente de pensamiento del siglo xx, el positivismo lógico, supuso una actualización de algunas ideas de Hume y de su conclusión de que la metafísica carece de sentido. Su programa tenía mucho que ver con lo que expresa esta cita de la obra de Hume, la *Investigación sobre el entendimiento humano*:

> Todos los objetos de la razón e investigación humana pueden, naturalmente, dividirse en dos grupos, a saber: *relaciones de ideas y cuestiones de hecho*; a la primera clase pertenecen las ciencias de la Geometría, Álgebra y Aritmética y, en resumen, toda afirmación que es intuitiva o demostrativamente cierta. *Que el cuadrado de la hipotenusa es igual al cuadrado de los dos lados* es una proposición que expresa la relación entre estas partes del triángulo. *Que tres veces cinco es igual a la mitad de treinta* expresa una relación entre estos números. Las proposiciones de esta clase pueden descubrirse por la mera operación del pensamiento,

buscar una familiaridad más completa con sus motivos y circunstancias. Así, por ejemplo, puede sorprendernos que una persona que posee una disposición amable conteste de manera malhumorada a unas palabras nuestras; sin embargo, una investigación ulterior nos revela que padecía un terrible dolor de muelas o que hacía bastante

independientemente de lo que pueda existir en cualquier parte del universo. Aunque jamás hubiera habido un círculo o un triángulo en la naturaleza, las verdades demostradas por Euclides conservarían siempre su certeza y evidencia.

No son averiguadas de la misma manera las cuestiones de hecho, los segundos objetos de la razón humana; ni nuestra evidencia de su verdad, por muy grande que sea, es de la misma naturaleza que la precedente. Lo contrario de cualquier cuestión de hecho es, en cualquier caso, posible, porque jamás puede implicar una contradicción, y es concebido por la mente con la misma facilidad y distinción que si fuera totalmente ajustado a la realidad. *Que el sol no saldrá mañana* no es una proposición menos inteligible ni implica mayor contradicción que la afirmación *saldrá mañana*. En vano, pues, intentaríamos demostrar su falsedad. Si fuera demostrativamente falsa, implicaría una contradicción, y jamás podría ser concebida distintamente por la mente (*Investigación*, 4, pp. 47-48.)

tiempo que no comía. Su conducta descortés ha quedado explicada. Es decir, hemos encontrado su causa.

¿Cuál es la conclusión que Hume extrae de esta reelaboración del significado del concepto de «libertad», que ya no se presenta como una misteriosa cualidad del agente, sino como la mera libertad de actuar o como nuestra incapacidad de predecir o explicar un suceso? Pues que no hay ningún impedimento metodológico para elaborar unas ciencias humanas equivalentes en todo a las ciencias naturales. En ambos casos, lo único que podemos hacer es tratar de identificar las causas de los acontecimientos (las llamadas normalmente «naturales» o las referentes al individuo o la sociedad) a través de la observación cuidadosa de regularidades de sucesión.

La filosofía natural recurre a la experimentación. No parece que la filosofía moral pueda recurrir al mismo procedimiento, aunque solo sea porque cuando los sujetos se sienten observados es muy probable que cambien de conducta. Pero la dificultad no es insalvable, ya que podemos recurrir al mero mirar con ojos atentos la vida humana, algo para lo que el estudio de la historia es de una ayuda inapreciable. En efecto, según Hume:

> Su principal utilidad es tan solo descubrir los principios universales y constantes de la naturaleza humana, al mostrarnos al hombre en toda suerte de situaciones y circunstancias, y suministrarnos los materiales con los que podemos hacer nuestras observaciones y familiarizarnos con las fuentes usuales de la acción y del comportamiento humanos. Estas crónicas de guerras, intrigas, facciones y revoluciones son otras tantas colecciones de experiencias (*experiments*) con las que el político o el filósofo moral fijan los principios de su ciencia, de la misma manera que el físico o filósofo natural se familiariza con la naturaleza de las plantas,

> minerales y otros objetos externos, por los experimentos que hace con ellos (*Investigación*, 8, pp. 107-108).

Por tanto, Hume cree que, gracias a la experiencia histórica, el filósofo que estudie la naturaleza humana será capaz de descubrir regularidades causales similares a las que se observan en el mundo físico, y que podrían expresarse en forma de máximas o leyes científicas. Una ley o norma que proporciona la política entendida como ciencia, nos dice Hume en su ensayo «De la independencia del parlamento», es la siguiente:

> Los escritores políticos han establecido como una máxima que, al diseñar cualquier sistema de gobierno y fijar los diversos controles y contrapesos de la Constitución, debería suponerse que todo hombre es un *bellaco*, y que no tiene otro fin en todas sus acciones que el interés privado. Por este interés debemos gobernarle y, por medio de él, hacer que, no obstante su ambición y avaricia insaciables, coopere con el bien público. [...] Por tanto, cuando se ofrece a nuestro examen y crítica cualquier plan de gobierno, real o imaginario, en donde el poder está distribuido entre varias jurisdicciones y clases de personas, deberíamos considerar siempre el interés separado de cada autoridad y cada clase; y si encontramos que por una hábil división de poder este interés debe necesariamente concurrir en su ejercicio con el interés público, podemos declarar que ese gobierno es sabio y feliz. Si, por el contrario, el

> interés separado no es controlado y encaminado hacia el público, no deberíamos esperar nada de ese gobierno excepto facciones, desórdenes y tiranía (*Essays*, ed. cit., pp. 42-43).

Este es el tipo de argumento que mucho después conducirá a la democracia. Si todos fuéramos ángeles, daría lo mismo quién gobernara. Como no lo somos, parece conveniente que haya división de poderes y elecciones periódicas en las que compitan diferentes partidos. Así, cada uno vigilará a los demás y evitará sus posibles «bellaquerías», al igual que el electorado se preocupará de que ningún gobernante utilice el poder político en su propio beneficio despreciando al mismo tiempo el interés público.

Aun admitiendo el carácter provisional de muchas de sus conclusiones, y a sabiendas de que pueden llegar a ser refutadas por una experiencia más amplia, Hume tiene mucho que decir sobre temas morales y políticos. Pero antes de adentrarnos en esos ámbitos, tenemos que estudiar cómo se libera Hume de otro elemento que para él es un obstáculo importantísimo en su intento de ofrecer una visión naturalista del hombre: la religión.

La crítica a la religión

Crítica a la credibilidad de los milagros

Hume pensaba que hay dificultades insalvables que impiden defender el carácter razonable de la creencia en la verdad de la revelación cristiana (o de cualquier otra religión revelada). Una religión revelada es aquella cuyas doctrinas se presentan como procedentes de una manifestación o comunicación directa de la divinidad a los hombres. Esto inmediatamente plantea un problema: ¿cómo podemos estar seguros de que lo que se declara revelado es de genuina procedencia divina y no, por ejemplo, fruto del deseo de engañarnos de determinados individuos o de sus ardientes fantasías? Dicho de otra forma, y pensando en una persona que se sienta orgullosa de su conducta racional, ¿cómo podría convencerse de que está haciendo bien al aceptar aquello que se le presenta como revelado por Dios?

El cristianismo ha encontrado una respuesta a esta pregunta en los milagros. En efecto, un milagro es un

La Biblia, ¿un libro sagrado?

La Ilustración defendía una secularización total de la cultura, al menos en el sentido de que a ninguna idea se la consideraba sagrada, algo que debiera escapar al estudio de la razón, a la crítica y al debate. Otra cosa es que la prudencia aconsejara muchas veces disimular esa crítica. Como se preguntaba Hume en una carta a un amigo, «¿hace uno siempre cuestión de honor al decir la verdad a los niños o a los locos? [...] Deseo que estuviera todavía en mi poder ser un hipócrita a este respecto» (*New Letters*, ed. cit, p. 83). Sin embargo, a veces el velo de la prudencia no existía o era muy transparente. Podemos fijarnos así en lo que Hume pensaba de la Biblia:

> Examinemos los milagros relatados en las Escrituras y, para no perdernos en un campo demasiado amplio, limitémonos a los que encontramos en el *Pentateuco*, que examinaremos de acuerdo con los principios de aquellos supuestos cristianos, no como la palabra o testimonio de Dios mismo, sino como la producción de un mero escritor e historiador humano. Aquí, pues, hemos de considerar primero un libro

hecho sobrenatural, algo que transgrede las leyes de la naturaleza y que, por tanto, está claramente más allá del poder de ejecución de los hombres: resucitar a un muerto, andar sobre el agua, multiplicar panes y peces, etcétera.

que nos presenta a un pueblo bárbaro e ignorante, escrito en una edad aún más bárbara y, con toda probabilidad, no corroborado por testimonio concurrente alguno. Al leer este libro, lo encontramos lleno de prodigios y milagros. [...] Invito a cualquiera a que ponga su mano sobre el corazón y, tras seria consideración, declare si piensa que la falsedad de tal libro, apoyado por tal testimonio, sería más extraordinaria y milagrosa que todos los milagros que narra; lo cual sin embargo es necesario para que sea aceptado, de acuerdo con las medidas de probabilidad arriba establecidas (*Investigación*, 10, pp. 157-158).

No es de extrañar que, unos años después de la publicación de esta obra, la Asamblea General de la Iglesia de Escocia se planteara excomulgar a Hume. Entre otras cosas, le atribuían las opiniones de que no hay pruebas de que el cristianismo sea una religión revelada (algo que Hume ciertamente pensaba), de que la justicia no tiene otro fundamento que servir al interés público (lo que para Hume también era verdad) y la llamativa opinión de que el adulterio es muy lícito, aunque algunas veces no sea oportuno. La propuesta de excomunión no prosperó.

A la persona que realice tales acciones habrá que considerarla necesariamente depositaria de un poder que Dios le ha dado. Si manifiesta que ese mismo Dios le ha revelado determinada doctrina, ¿qué otra opción habrá sino creerla? De acuerdo con esto, y según relata el Evangelio, un fariseo llamado Nicodemo le dijo a Jesús: «Rabí, sabemos que has venido como maestro de parte de Dios, pues nadie puede hacer esos milagros que tú haces si Dios no está con él» (Juan 3, 2). O como escribió un autor algo anterior a Hume:

> La *verdad de la doctrina* de Jesucristo quedará suficientemente probada si las *cuestiones de hecho* que se nos cuentan de él en los *Evangelios* son *verdaderas*; porque los *milagros*, si son *verdaderos*, garantizan la *verdad* de lo que comunicó.[11]

Por tanto, aceptar la realidad histórica de los milagros narrados en la Biblia supondría reconocer la verdad del cristianismo. Ahora bien, ¿tenemos razones que nos induzcan a creer en la autenticidad de esos milagros o, por el contrario, un hombre razonable tiene que rechazar los testimonios que nos hablan de ellos?

Este es el problema que Hume se plantea en la sección «De los milagros» de su *Investigación sobre el entendimiento humano*. Allí, insistirá en que un milagro es un suceso contrario a toda nuestra experiencia pasada y que, por consiguiente, a la hora de valorar la credibilidad del testimonio que nos habla de él debemos tener en cuenta

[11] El autor es Charles Leslie, y la obra llevaba el larguísimo título (algo usual en la época) de *A Short and Easy Method with the Deists, wherein the Certainty of the Christian Religion is demostrated by Infallible Proof from Four Rules which are Incompatible to any Imposture that ever yet has been, or that can possibly be*. London, 1726, 6.ª ed., p. 4.

ese carácter improbable que posee. Está claro que, cuanto más sorprendente sea lo que se nos cuente, más deberá costarnos creerlo y mayores garantías tendremos derecho a exigirles a los testigos de tal acontecimiento inesperado.

Así pues, y como una mera cuestión de certidumbre histórica, ¿qué valor podemos otorgar al relato de los evangelistas sobre los supuestos milagros de Jesús? Según Hume, hemos de considerar que se trata de una narración escrita por personas sin ningún crédito ni reputación (es decir, que tendrían muy poco que perder en caso de ser sorprendidas divulgando falsedades) y en la que se nos presentan unos sucesos que violan completamente el curso regular de la naturaleza. Estos milagros, además, habrían ocurrido en un apartado rincón del mundo romano y entre personas incultas e ignorantes. ¿No nos lleva esto a una cierta sospecha? ¿Quién había allí con conocimientos suficientes para detectar un posible engaño? ¿Acaso no ha habido otras narraciones semejantes cuya falsedad ha sido rápidamente descubierta?

Al fin y al cabo, el hecho de que muchas personas aceptaran el testimonio de los apóstoles sobre la resurrección de su maestro puede explicarse por la credulidad y el gusto por el asombro de las masas ignorantes. A ello hay que añadir —y este es un nuevo argumento— que estos milagros pretenden servir de prueba de la revelación del único Dios verdadero, y que por tanto tienen en su contra las evidencias que apoyan a los milagros propios de otras religiones. En efecto, tan incompatibles como son las doctrinas del cristianismo con las de esas religiones habrán de ser sus respectivos milagros. Si unos han tenido lugar realmente, los otros tienen que ser una superchería. Por ejemplo, hay autores griegos y latinos que han defendido la veracidad de los milagros de sus religiones; luego indirectamente han argumentado contra la verdad del cristianismo y de sus milagros.

¿Qué hacer con estos testimonios? Sería arbitrario rechazar su valor y aceptar el de los milagros cristianos. La única alternativa legítima es pensar que sus evidencias se destruyen mutuamente. Cuando a esto le unimos las reflexiones anteriores, la conclusión es clara: no es razonable creer en la realidad de los milagros cristianos. Sencillamente, es más probable que el testimonio a su favor sea falso, un producto de la ilusión o del deseo de engañarnos. Dicho sin ambages, el Nuevo Testamento (y, si a ello vamos, toda la Biblia) es o un fraude o una ilusión. Ningún individuo que aspire a la racionalidad puede conceder credibilidad alguna a lo que allí se cuenta. Quizá ahora podamos entender la prudencia de Hume al decidir eliminar esta parte «noble» de su primera obra.

Aunque de una manera no del todo clara, Hume tiene en reserva todavía otro argumento en contra de la credibilidad de cualquier milagro. Que un milagro sea definido como una transgresión de una ley de la naturaleza solo puede significar —de acuerdo con lo que se deduce de lo que hemos estudiado de su teoría del conocimiento— que es algo que no se ajusta a nuestra experiencia uniforme en el pasado y que, por tanto, está en oposición directa con nuestras expectativas sobre el curso de la naturaleza en el futuro. Porque, ¿qué es una ley de la naturaleza sino una expresión compendiada de lo que hemos observado en el pasado? Si afirmamos que «el sol sale todos los días» es una ley de la naturaleza, ¿qué queremos decir sino que lo hemos visto surgir siempre y que esperamos verlo aparecer mañana, pasado mañana y así sucesivamente?

Imaginemos ahora que nos informan de que determinado día en el pasado el sol no salió y hubo una oscuridad total en la Tierra durante ocho días, y que el testimonio a favor de este hecho es de tal clase que no podemos rechazarlo. ¿Estaríamos ante una intervención de la divinidad? Puede que sí, evidentemente. Pero también cabe pensar que se debe a alguna causa tan perfectamente natural como de momento desconocida. Para admitir que un suceso es genuinamente milagroso —es decir, que procede de la intervención directa de la divinidad— tendríamos que saber previamente que ni puede explicarse en función de las leyes de la naturaleza que actualmente conocemos ni podrá serlo en el futuro. Y ¿cómo podemos saber esto último? ¿Cómo podríamos saber que el «milagro» en cuestión —da lo mismo que se trate de la curación de un ciego, de la transformación del agua en vino, de una oscuridad total o de lo que sea— nunca va a poder ser explicado, ni siquiera tras cientos de años de investigación científica, de forma natural?

Declarar que no cabe tal explicación no parece sino una afirmación dogmática que toma como definitivo el nivel actual de nuestros conocimientos acerca de la naturaleza y su forma de actuar. Sobre lo absurdo de tal postura (y sobre sus desastrosas consecuencias para el progreso científico) no parece necesario insistir. Resulta que, cuando nos convencemos de que un acontecimiento extraordinario ha ocurrido realmente, esa no constituye una ocasión para proclamar alegremente que nos encontramos ante una intervención divina, sino para cuestionar nuestros conocimientos científicos establecidos e iniciar nuevas investigaciones. Solo cabe concluir, por tanto, que nunca podremos convencernos de la realidad de un milagro y que, consiguientemente, el cristianismo carece de pruebas de su verdad. Uno podrá ser cristiano (o creer en cualquier otra religión revelada) por varios motivos, pero no, desde luego, porque la razón le diga que tiene que serlo.

Crítica a los argumentos tradicionales a favor de la existencia de Dios

Ante la dificultad anterior, y ante la presencia de una gran variedad de doctrinas religiosas, no ha sido infrecuente buscar refugio en lo que el siglo XVIII gustaba denominar «deísmo», o «religión natural», un conjunto de doctrinas básicas que todas las religiones compartirían. Este fue un tema de gran importancia en el mundo intelectual de los siglos XVII y XVIII, algo perfectamente comprensible si nos atenemos a lo cansadas que estaban las sociedades de las guerras de religión que habían asolado Europa.

La siguiente pregunta pareció cada vez más razonable: ¿por qué, en vez de discutir sobre dogmas muchas veces ininteligibles, no centrarnos en lo verdaderamente importante, en aquello que une a los creyentes en vez de separarlos? Por ejemplo, en la existencia de una divinidad, en la inmortalidad del alma y en que esa divinidad premiará en la otra vida el comportamiento moral. Pero, a su vez, se puede demostrar que esta modalidad de religión también carece de cualquier tipo de apoyo en la razón y en la experiencia. Los argumentos a favor de la existencia de Dios que tradicionalmente se han ofrecido no son válidos para Hume. En cuanto a nuestra existencia tras la muerte de nuestro cuerpo, nada (más allá del deseo, pero este no parece un fundamento legítimo de asentimiento) nos autoriza a esperarla.

Un primer argumento a favor de la existencia de Dios que Hume despacha de una manera sucinta es el que denomina el «argumento *a priori*», pero que hoy llamaríamos más bien «cosmológico» o «de la causa primera». Este argumento sostiene que todo lo que existe debe tener una causa o razón de su existencia; y que, por tanto, al ascender de los efectos a las causas tenemos que recurrir finalmente a una causa última que sea necesariamente existente, a un Ser que lleve en sí mismo la razón de su existencia, y que no cabe suponer que no existe sin caer en una contradicción expresa.

Ahora bien, ¿es verdad que todo lo que existe debe tener una causa o razón de su existencia? Ciertamente, y como cuestión de hecho, todas las cosas que vemos a nuestro alrededor tienen siempre una causa; pero esto no implica que deban tenerla por necesidad, porque debemos recordar que la experiencia no nos habla de relaciones necesarias, sino de meras conjunciones constantes que crean expectativas en nuestra mente. Por expresarlo de otra forma: puesto que en la naturaleza no descubrimos algo a lo que podamos llamar «necesidad» y que establezca el nexo entre una cosa y otra, todo lo que podamos concebir claramente es posible. Y ¿acaso no podemos concebir claramente que cualquier cosa —o el universo en su conjunto, que es lo que aquí nos interesa— haya surgido de la nada, sin una causa antecedente? ¿Qué sentido tiene entonces afirmar que debemos recurrir finalmente a una causa última? Además, ¿qué es eso de un Ser «que no cabe suponer que no existe sin caer en una contradicción expresa»? El hecho cierto es que, con respecto a cualquier ser, podemos concebir tan fácilmente su existencia como su no-existencia. Como escribe Hume:

> Todo lo que *es* puede *no ser*. Ninguna negación de un hecho puede envolver una contradicción. La no-existencia de cualquier ser, sin excepción, es una idea tan clara y distinta como su existencia. La proposición que afirma que no es, aunque sea falsa, no es menos concebible e inteligible que la que afirma que es. [...] que César, o el ángel Gabriel o cualquier ser nunca existieron puede ser una proposición falsa, pero, sin embargo, es perfectamente concebible y no implica ninguna con-

tradicción (*Investigación*, 12, p. 191. Hemos modificado levemente la traducción).

Es cierto que ha habido pensadores que han argumentado que la divinidad es un ser necesariamente existente y que han intentado explicar esta necesidad de su existencia afirmando que, si conociéramos su esencia, su naturaleza completa, nos daríamos cuenta de que para él es tan imposible no existir como para dos por dos no ser cuatro. Sin embargo, es evidente que esto no puede suceder jamás mientras nuestras facultades sigan siendo las mismas que tenemos en la actualidad. Apelando a la experiencia, ¿no vemos que nos es posible, en cualquier momento, concebir la no existencia de lo que anteriormente creíamos como existente? No puede, por consiguiente, afirmarse que la mente vaya a verse alguna vez (al menos, como decíamos, mientras no cambien nuestras facultades) en la necesidad de suponer que un objeto permanece siempre en la existencia, de la misma manera que se ve en la necesidad de concebir siempre que dos por dos son cuatro. En conclusión, las palabras «existencia necesaria» no tienen ningún significado o, lo que es lo mismo, no tienen un significado consistente.

Otro tipo de demostración de la existencia de Dios es el «argumento del designio», que alude a la necesidad de un diseñador del mundo, pues este último es lo que llamaríamos un «cosmos» —un conjunto claramente ordenado— y no un caos. Pues bien, para Hume esto tampoco es válido. Este argumento parte de la constatación de que el universo en su conjunto es extraordinariamente parecido a una máquina bien ordenada. Puesto que las máquinas son el resultado del diseño, de la elaboración por parte de seres inteligentes (los hombres), ¿no habrá que concluir que el universo ha tenido que ser diseñado por una inteligencia similar a la mente humana, pero dotada de facultades mucho más amplias, proporcionales a la grandeza de la obra que ha realizado?

Ciertamente, no hay que descartarlo. Es perfectamente posible, en efecto, que el universo sea el resultado del diseño de un arquitecto divino, de un gran relojero cósmico, pero el argumento no prueba la realidad de este. Tan posible como que el mundo sea el resultado de un proyecto divino es lo que Hume denomina «la vieja hipótesis epicúrea»: una materia a la que le es inherente el movimiento puede acabar produciendo en menos de una infinidad de combinaciones un orden como el que actualmente presenta el universo. Para dar cuenta de la aparente planificación que observamos en el mundo (incluidas «las funciones de las partes en los animales o los vegetales y su preciso ajuste mutuo») no necesitamos acudir a un diseñador inteligente. Nos basta con las combinaciones de una materia en continuo movimiento. Cedamos la palabra al escéptico Filón, quien representa a Hume en los *Diálogos sobre la religión natural*:

> Suponed [...] que la materia fuera lanzada en una posición cualquiera por una fuerza ciega y sin guía. Es evidente que esta primera posición debe ser, con toda

probabilidad, la más confusa y la más desordenada posición imaginable, sin ninguna semejanza con esas obras de la industria humana que presentan, junto a una simetría de partes, un ajuste de unos medios a unos fines y una tendencia a la autoconservación. [...] Supongamos que la fuerza actuante, cualquiera que sea, continúe todavía en la materia: la primera posición dará lugar inmediatamente a una segunda que, con toda probabilidad, será igualmente tan desordenada como la primera, y así a lo largo de muchas sucesiones de cambios y revoluciones. [...] Cualquier situación posible se produce y en el mismo instante se destruye. Si por un momento se presenta una ligera apariencia o un comienzo de orden, inmediatamente es eliminado y destruido por esa fuerza incesante que acciona sobre cada parte de la materia. Así el universo sigue durante muchos años en una sucesión continua de caos y desorden. Pero ¿no es posible que finalmente se asiente, de manera que sin perder su movimiento ni su fuerza activa [...] conserve sin embargo una apariencia uniforme en medio del movimiento y la fluctuación continua de sus partes? Tal es el caso, como vemos, del universo en el momento actual. Cada individuo está cambiando continuamente, y cada parte de cada individuo; y, sin embargo, el todo continúa siendo en apariencia el mismo.[12]

[12] En David Hume: *Historia natural de la religión. Diálogos sobre la religión natural.* Prólogo de Javier Sádaba. Traducción de Angel J. Cappelletti, Horacio López y Miguel A. Quintanilla. Ed. Sígueme, Salamanca, 1974, parte VIII, p. 153. De ahora en adelante

Al igual que esta explicación materialista puede dar cuenta del orden del universo sin ninguna necesidad de recurrir a una inteligencia diseñadora, también cabe insistir en que el mundo se parece más a un animal o a un vegetal que a cualquier máquina y en que, por consiguiente, es más probable que su causa se parezca al origen de aquellos, a los que Hume denomina respectivamente «principio de generación» y «principio de vegetación».

Puestos a imaginar hipótesis fantasiosas (aunque, como no tenemos experiencia de lo que ocurrió realmente, se trata de hipótesis que no pueden excluirse), podríamos pensar que un cometa no es sino el huevo del mundo y que este se creó de forma análoga a como un avestruz deposita su huevo en la arena... O, si establecemos un parecido entre el universo y los vegetales, podría sugerirse que, así como un árbol deja caer su semilla en los campos cercanos y da origen a otros árboles, nuestro sistema planetario es un gran vegetal que produce dentro de sí ciertas semillas (por ejemplo, en forma de cometas) que, al esparcirse, dan lugar a nuevos mundos. Por supuesto, se trata de hipótesis que produce nuestra fantasía. Aun así, ¿estamos seguros de que la propuesta de un diseñador inteligente es más razonable que estas? ¿Qué datos la hacen más probable?

Por lo demás, aunque nos olvidáramos de las objeciones anteriores y admitiéramos que el argumento del designio resulta convincente, tampoco parece que fuéramos

citaremos esta edición como *Diálogos*, seguido de un número romano que indicará la parte, y de la página o páginas correspondientes.

a ganar mucho desde una perspectiva religiosa o, más específicamente, cristiana. En primer lugar, hay que destacar que este argumento no nos permitiría decidirnos entre el politeísmo y el monoteísmo. De modo análogo a las grandes creaciones de los hombres, el universo podría ser el resultado de la cooperación de un elevado número de divinidades que en sí mismas son muy imperfectas y limitadas. Al igual que una gran cantidad de hombres se unen para construir un barco, muchos dioses podrían haberse asociado para ordenar este universo. Se trata de una semejanza tanto mayor con los asuntos humanos. Si unas criaturas tan conflictivas como los hombres pueden unirse con frecuencia para elaborar y ejecutar un plan único, ¡cuánto más no lo podrán hacer esas divinidades (o demonios), que podemos suponer varios grados más perfectas! El hecho de que el argumento del designio siempre haya acabado pronunciándose a favor de un único Dios debería hacernos sospechar —y es una sospecha inquietante— que una buena parte de la tradición filosófica no ha sido el resultado de investigadores verdaderamente imparciales, sino de personas que estaban previamente convencidas del contenido de la «religión verdadera» y que buscaban confirmarla a toda costa.

A ello habría que añadir que, en vista de la aterradora presencia del mal en este mundo, cabe dudar del valor moral del diseñador o los diseñadores de este. Si es que los hay, claro. ¿Cómo justificar el enorme número de males que observamos a nuestro alrededor y que, por lo que nosotros sabemos, son completamente gratuitos? Según Hume, podemos hacernos las preguntas enumeradas a continuación, que en el fondo no son sino una manera de plantear alternativas posibles a la disposición actual de las cosas.

¿No podría la divinidad haber diseñado a las criaturas vivas de tal modo que fueran incapaces de experimentar dolor? ¿No sería el mundo mucho mejor si todos los animales estuvieran dotados de muchos más poderes y facultades? ¿No se solucionarían muchos de los males de la vida humana si se nos hubiera concedido una mayor propensión al trabajo, si se nos hubiera dotado de más energía para enfrentarnos a un mundo lleno de carencias? Por desgracia, la clase de mundo en que vivimos está muy bien descrito en las palabras que Filón dirige a Cleantes, el defensor del argumento del designio en los *Diálogos*:

> Echa una mirada a este universo. ¡Qué inmensa profusión de seres animados y organizados, sensibles y activos! Tú admiras esta variedad y esta fecundidad prodigiosas. Pero inspecciona un poco más de cerca a estas criaturas vivas, los únicos seres dignos de consideración. ¡Qué hostiles y destructivos entre sí! ¡Qué incapaces de procurarse su propia felicidad! ¡Qué despreciables u odiosos para el espectador! El todo solo presenta la idea de una naturaleza ciega, impregnada de un gran principio vivificador y que va arrojando de su seno, sin discernimiento o preocupación parental, a sus hijos fracasados y lisiados (*Diálogos,* XI, p. 179. Como en otras ocasiones hemos modificado algo la traducción para hacerla más cercana al original inglés).

Pues bien, ¿qué tipo de ser habría diseñado un universo de estas características? Para Hume, está claro que lo único que cabría inferir es su absoluta indiferencia hacia la felicidad humana. Se trataría de un ser que no tendría más preferencias por el bien frente al mal que las que muestra por el calor frente al frío. ¿Sería razonable que lo adoráramos? ¿Lo merecería? Hume se expresa con una gran elegancia literaria al observar que las viejas cuestiones de Epicuro todavía no tienen respuesta. ¿Tiene Dios voluntad de prevenir el mal, pero no poder para ello? Entonces es impotente. ¿Tiene poder para ello, pero no lo desea? Entonces es malévolo. ¿Tiene poder para ello y lo desea? ¿De dónde proviene entonces el mal? Simplemente, estamos ante un enigma que no podemos resolver. Debemos reconocer nuestra ignorancia y aprender a vivir sin consuelos imaginarios.

Las pruebas de la mortalidad del alma

En cuanto a la existencia de Dios, la postura razonable sería para Hume lo que hoy llamaríamos agnosticismo, mientras que en cuanto a la mortalidad o inmortalidad del alma su planteamiento es mucho más concluyente. Todo nos hace pensar que nuestra vida cesa con la muerte del cuerpo. Y aquí habría que observar que, para que podamos hablar de una religión, lo verdaderamente importante no es la creencia en un Dios (al fin y al cabo, el budismo no la tiene), sino la creencia en que hay algo tras la muerte, la creencia en una cierta dimensión que trasciende a esta vida. Y la existencia de esta dimensión es algo que Hume se niega a aceptar. Simplemente, las pruebas apuntan en la dirección contraria.

La primera prueba es la aplicación del principio según el cual, cuando dos objetos cualesquiera están relacionados de una manera tan estrecha que todas las alteraciones que observamos en uno van acompañadas de alteraciones proporcionales en el otro, deberíamos concluir que, al producirse alteraciones todavía mayores en el primero y que conducen a su desintegración total, el segundo también se disolverá. Ahora bien, podemos observar que la debilidad del cuerpo y la del alma (es decir, nuestra capacidad pensante) durante la infancia guardan una proporción exacta; y que lo mismo ocurre con su vigor en la edad adulta y con su decadencia gradual en la vejez. ¿No deberíamos concluir, por consiguiente, que el alma perecerá con el cuerpo? Como afirma Hume tajantemente en su ensayo «De la inmortalidad del alma»:

> Los últimos síntomas que descubre la mente son el desorden, la debilidad, la insensibilidad y la torpeza; los precursores de su aniquilación. El progreso posterior de las mismas causas, al incrementar los mismos efectos, la extingue completamente (*Essays*, ed. cit., p. 596).

Pero hay otro argumento aún más radical, porque el anterior nos hace pensar en dos líneas paralelas (podríamos hablar de un paralelismo psicofísico) y en que, cuando se quiebra una, cabe esperar que la otra también lo haga. Pero ¿y si en realidad hubiera solo una única línea? Como escribe Hume: «Todo es común entre el alma y el cuerpo. Los órganos de la primera son todos ellos órganos del segundo. Por tanto, la existencia de la una debe ser dependiente de la del otro» (*Essays*, ed. cit., p. 596). En esta interpretación, el alma (es decir, las actividades mentales) es una emanación de la actividad corporal. Desaparecida esta, se extinguiría aquella.

Pero es que, además, otro argumento que hay que tener en cuenta en este contexto parte del reconocimiento de que nada es eterno en este mundo. Todas las cosas están sometidas a un flujo y cambio continuos. Por tanto, pensar que el alma —aparentemente la más frágil de todas las cosas— es inmortal es algo totalmente contrario a los principios de la analogía. Por otra parte, Hume insistirá en que nuestra situación de inconsciencia antes de la formación del cuerpo no puede sino parecerle a la razón una prueba convincente de que tras su disolución caeremos en un estado similar.

El escepticismo de Hume no significa aquí albergar infinidad de dudas, sino algo mucho más positivo. Si en lo concerniente a la existencia de Dios lo razonable parecía consistir en quedarse en silencio ante la variedad de hipótesis posibles, las cosas son muy distintas con respecto a la probabilidad de una existencia tras la muerte. Todo parece indicarnos que somos seres finitos. La vida acaba con la aniquilación del cuerpo.

Aunque podamos admirar la capacidad de Hume de considerar la realidad humana sin hacerse ilusiones, cabe destacar —y esto es un poco sorprendente— que no tome nota de la dimensión trágica que la finitud introduce en nuestra vida. El hecho de que (metafóricamente) se abre la posibilidad de que los verdugos tengan la última palabra, de que el precio de nuestra firmeza moral sea el sufrimiento y la injusticia. Kant estará obsesionado con la amenaza de que no haya armonía entre felicidad y virtud, y por eso planteará que la inmortalidad del alma y la existencia de Dios son postulados de la moral. La teoría del eterno retorno de Nietzsche, con su afirmación del deseo de repetición de la vida a partir de un único momento de felicidad, es también un desarrollo de esta problemática que introduce la secularización completa que Hume plantea.

El origen de las religiones

Todavía quedarían, sin embargo, dos posibles argumentos en defensa de las creencias religiosas. En primer lugar, destacar que se fundamentan en la mera fe; y, en segundo lugar, insistir en que, aunque no pueda probarse su verdad teórica, su utilidad para el individuo y la sociedad es incuestionable.

En cuanto a la primera línea de defensa, podríamos comenzar con la constatación de que las creencias religiosas no parecen haber sufrido mucho al descubrirse su falta de respaldo racional. Muchas personas reconocen esto último e insisten en que a la religión habría que situarla en el dominio totalmente autónomo de la fe. Al adoptar una postura fideísta, el creyente cristiano se libraría con facilidad de las críticas de Hume, aunque fuera al precio de no poder aportar ninguna razón que justifique sus creencias y de reconocer que una corriente muy importante de su tradición ha estado radicalmente equivocada, por ejemplo, toda la filosofía escolástica.

Sin embargo, quizá las cosas no sean tan sencillas; porque, ¿hay alguna buena razón por la que el escéptico deba desprenderse de esa postura crítica que, por lo que llevamos visto hasta ahora, tan buenos resultados teóricos le ha producido? Ahora bien, ¿qué significaría adoptar semejante postura ante una persona que no busca defender racionalmente sus creencias? La respuesta de Hume a esta pregunta se encuentra en su *Historia natural de la religión*. Allí trata de encontrar las causas psicológicas que provocan esas creencias para las que sabemos que no hay ninguna justificación racional.

Por supuesto, encontrar el origen de una creencia no dice nada ni a favor ni en contra de su validez, pero una vez que se ha concluido que ni la razón ni la experiencia justifican esa creencia, investigar su origen implica la voluntad de seguir manteniéndose en el ámbito de la ciencia. Las personas creyentes dirán que creen por fe, pero los científicos sospecharán que lo hacen por causas psicológicas o sociales que ellos intentan esclarecer. Esta es la intención de Hume. Se trata, en definitiva, de situar el origen de la religión en la naturaleza humana, algo para lo que nuestro autor contaba con numerosos precedentes, porque el intento de ofrecer una explicación del origen de las creencias religiosas parece una constante en la historia de la filosofía. Para Epicuro, Spinoza y Hobbes, los dioses nacieron del miedo de los hombres, mientras que para otros pensadores eran invenciones políticas del arte de gobernar, o bien héroes y gobernantes elevados a esa dignidad. La obra de Hume busca ofrecernos una teoría «natural» del surgimiento de la religión y de su desarrollo histórico que aborde esa problemática.

Para ello Hume parte del reconocimiento de que el politeísmo es la religión más antigua de la humanidad; algo fácil de explicar si tenemos en cuenta que la mente humana se va elevando gradualmente de lo inferior a lo superior y que, por tanto, al igual que los hombres habitaron cabañas antes que palacios o estudiaron agricultura antes que geometría, tuvieron que formarse una concepción «familiar» de sus dioses —atribuyéndoles órganos y pasiones humanas— antes de llegar a la idea de un Espíritu puro que ordenó el universo.

Las primeras ideas religiosas habrían surgido de la preocupación del hombre primitivo por los sucesos que afectaban a su vida. Veía que las tormentas malograban lo que el sol había alimentado; y que, por su parte, el sol destruía lo que habían favorecido las lluvias. La guerra podía traer muchas ventajas a un pueblo que estaba condenado al hambre por la inclemencia de las estaciones. Una epidemia podía despoblar un reino que vivía en la mayor abundancia. Quienes ayer triunfaban sobre sus enemigos, hoy podían ser derrotados. Resultaba, pues, que la salud y la enfermedad, la abundancia y la pobreza, y en general todas aquellas cosas que provocaban el deseo o el terror de las personas, parecían distribuirse entre ellas en virtud de causas tan desconocidas como opuestas entre sí. Estas causas se convirtieron, consiguientemente, en el objeto de su esperanza o de su miedo; y mientras sus pasiones se veían continuamente agitadas por una expectativa ansiosa con respecto a los acontecimientos futuros, la imaginación humana no pudo sino intentar formarse una idea más concreta de esas causas o poderes de los que tanto dependía. Fue así como la tendencia de los hombres a concebir a todos los seres según su propia imagen determinó forzosamente su concepción de esas causas, y se llegó a reconocer nuestra dependencia de poderes dotados de pasiones e inteligencia, cuando no de figura humana. Este es el origen del politeísmo. A partir de ese momento, y ante cada situación o faceta de la vida, los creyentes recurrirán al agente que se ocupa de ella. Como muy gráficamente lo expresa Hume:

> Se invoca a Juno en los matrimonios, y a Lucina en los nacimientos; Neptuno recibe las súplicas de los marineros y Marte las de los guerreros. El agricultor cultiva su campo bajo la protección de Ceres y el comerciante reconoce la autoridad de Mercurio. Se supone que cada suceso natural está gobernado por algún agente inteligente; y que en la vida no puede pasar nada prós-

> pero o adverso que no pueda ser objeto de oraciones y expresiones de gratitud especiales.[13]

Una vez que se acepta que cada divinidad preside una parcela de la realidad, un conjunto específico de eventos, o algún tipo de conducta, es casi inevitable que se le conceda una genealogía, atributos o características adecuados a sus supuestos poderes e influencias. Al dios de la guerra se le concebirá como violento, cruel e impetuoso; al dios de la poesía, como delicado y agradable. El de los mercaderes, especialmente en épocas tempranas, será un dios con tendencia al engaño y al fraude, etcétera. La Musas serán las hijas de la Memoria. El Miedo y el Terror serán los hijos de Marte, y demás.

Sin embargo, Hume piensa que, por muchas divinidades que existan, es frecuente que los hombres acaben venerando a una de ellas de forma especial. Esto puede deberse a que supongan que, en la distribución de poder y territorio entre los dioses, su nación ha quedado sujeta a la jurisdicción de una divinidad particular. O a que, reduciendo las cosas celestes a sus modelos terrenales, se imaginen a esa divinidad como un príncipe o magistrado supremo que gobierna a las demás con la misma autoridad con que los monarcas de este mundo ejercen su poder sobre sus súbditos. Tanto en un caso como en

[13] David Hume: *The Natural History of Religion. Dialogues concerning Natural Religion*. Edición de la primera obra por A. Wayner Colve y de la segunda por John Valdimir Price. Oxford University Press, Oxford, 1976, II, p. 31. De ahora en adelante citaremos la *Natural History of Religion* por esta edición, indicando la sección con un número romano y luego la página. Lo mismo haremos con los *Dialogues*.

otro lo importante es que los hombres buscarán como sea atraerse su favor. Suponiendo que, al igual que a los príncipes, a esta divinidad le complacen las alabanzas y los elogios, no habrá encomio que no le prodiguen. Se la irá recargando con epítetos de alabanza cada vez más pomposos, y al final se insistirá en que es infinita y única. En este mismo momento ha entrado en escena el monoteísmo.

Este tiene su origen, por tanto, en el miedo y en la tendencia a la adulación. Cuando una persona da un paso adelante y afirma el carácter único y perfecto de la divinidad, ¿quién se atreverá a contradecirla, insistiendo en que se trata de un ser finito y sujeto a los dolores y las flaquezas humanas? La mayoría de la gente pensará, por el contrario, que es mejor (más seguro, diríamos, pues ningún ser se ofende por un exceso de halagos, pero sí puede molestarse por su falta) conceder su asentimiento a cualquier alabanza encarecida e intentar buscar su favor mediante una devoción afectada. Por supuesto, debemos saber que ese asentimiento será meramente verbal. La verdadera idea de los creyentes acerca de ese único Ser perfecto será tan pobre como las concepciones que caracterizan a las divinidades del politeísmo.

¿No están acaso las religiones monoteístas llenas de prácticas frívolas y supersticiosas? ¿De qué otro modo puede entenderse, observará Hume, la preocupación de los católicos por los escapularios o de los magos persas por no echar nunca agua sobre el fuego, aun cuando las llamas estén consumiendo toda una ciudad? En vista de

William James y la reivindicación del valor de la religión

Tal vez no esté de más que el lector pueda comparar su perspectiva con la de un autor que veía muchos aspectos positivos para la moral en la experiencia religiosa. El filósofo y psicólogo norteamericano William James publicó en 1902 *Las variedades de la experiencia religiosa*, cuyo subtítulo era *Un estudio de la naturaleza humana*. En este libro, insiste en que el creyente (que obviamente no es aquel para el que la religión se concentra en el hábito dominical de ir a misa) experimenta la sensación de encontrarse en una vida más amplia que la de los pequeños intereses egoístas de este mundo. Posee una convicción que no es meramente intelectual, casi como si fuera sensible, de la existencia de un poder ideal, y experimenta así una alegría inmensa, que va acompañada de un cambio del centro emocional de su vida hacia sentimientos de armonía y amor.

Entre las consecuencias prácticas de esto se encuentra que el miedo y la ansiedad desaparecen y la ecuanimidad ocupa su lugar. El santo, afirma James, ama a sus enemigos y trata a los mendigos de apariencia más repugnante como si fueran sus hermanos, algo que explicaría que las personas religiosas consagren con frecuencia su vida al cuidado de los leprosos o de otras personas que sufren enfermedades especialmente desagradables. El hecho de percibir un orden divino detrás de todas las cosas procura una felicidad y una fortaleza del alma incomparables. En las relaciones sociales mostrará un gran deseo de ayudar. Sitúa la felicidad en un tipo más elevado de excitación interior, algo que hace que para él la incomodidad sea una fuente de ánimo alegre.

De esta forma, el santo nunca volverá la espalda a ningún deber que se le presente, y cuando necesitemos ayuda podremos estar seguros de que nos echará una mano. Si las cosas han de mejorar alguna vez, alguien debe estar dispuesto a dar el primer paso y asumir ese riesgo. Nadie que no esté dispuesto a probar la caridad, a probar la no-resistencia –como el santo siempre lo está–, puede decir si estos métodos triunfarán o no. Cuando los santos tienen éxito, son exitosos de una manera mucho más poderosa de lo que consigue la mera prudencia mundana o la fuerza. La fuerza destruye a los enemigos, y, en cuanto a la prudencia, lo mejor que puede decirse de ella es que nos ayuda a conservar de forma segura lo que ya poseemos.

Pero la no-resistencia y la caridad pueden convertir a los enemigos en amigos. Jacques Barzun, un estudioso del pensamiento de William James ha observado que Jean Valjean, el protagonista de *Los miserables*, de Victor Hugo, sería un buen ejemplo de esta conversión. Después de cometer su robo, cuando el obispo le regala los dos candeleros de plata, su vida cambia radicalmente (*Un paseo con William James*. Traducción de Juan José Utrilla. F.C.E., México, 1986, p. 265).

esta debilidad de las capacidades humanas, es perfectamente comprensible que los hombres acaben recayendo en el politeísmo.

La idea de un ser infinito, simple y espiritual necesitará el apoyo de mediadores (santos, vírgenes, etcétera) entre él y la humanidad. Surge así una categoría de semidioses que, al resultarnos más familiares, se van convirtiendo poco a poco en el objeto principal de nuestra adoración. Volvemos entonces a ese politeísmo que habíamos abandonado, y del cual saldremos una vez más por nuestra tendencia a la adulación. La historia de las religiones, por tanto, no es más que un incesante flujo y reflujo entre ambas creencias. Esperar que algún día el monoteísmo se instale permanentemente en las conciencias de los hombres es, pues, una ilusión vana. Y, además, teniendo en cuenta lo que vamos a decir a continuación, tampoco sería muy deseable.

Porque, ¿qué ocurre si realizamos una comparación entre las características del politeísmo (cuya expresión paradigmática es para Hume la religión griega y romana) y las del monoteísmo (que aparece representado ejemplarmente por el cristianismo)? De esta comparación quisiéramos destacar dos observaciones que Hume realiza. En primer lugar, que el politeísmo es mucho más tolerante, porque donde hay una multitud de dioses siempre pueden añadirse algunos más sin que pase nada (algo así como que donde cenan cuatro pueden hacerlo cinco o seis). Por el contrario, cuando solo se reconoce un único objeto de adoración, este parece exigir la unidad de fe y ceremonias, surgiendo así las persecuciones de otras creencias religiosas.

En segundo lugar, es también muy interesante subrayar que cuando, como en el politeísmo, se concibe a los dioses como solo ligeramente superiores a la humanidad, es lógico que nos sintamos más cómodos en nuestro trato con los mismos y que podamos aspirar a emularlos o a rivalizar con ellos. Surgirían así el valor, la magnanimidad, el amor a la libertad y, como resume Hume, «todas las virtudes que engrandecen a un pueblo». Por el contrario, la disparidad entre un ser infinito y nuestras evidentes debilidades solo podrá provocar la conciencia de nuestro poco valor, y ello produciría la humildad, la resignación y la obediencia servil. Una de las conclusiones que es fácil extraer de la *Historia natural de la religión* es que el triunfo del cristianismo sobre las religiones paganas y su consiguiente influencia en la historia de Europa no es algo de lo que, por decirlo suavemente, uno debiera alegrarse.

Tenemos, entonces, que las creencias religiosas son fruto de nuestras preocupaciones con respecto al futuro y que permanecen ancladas en ellas. Esta tesis vale tanto para comprender la historia de las religiones como en relación con la psicología del hombre religioso. Hume observa que recibimos la prosperidad como algo que nos merecemos, así que no solemos preguntarnos por su causa. Esa prosperidad produce de forma natural alegría, actividad y una disposición a gozar de todo placer social y sensual. En este estado mental es muy poco probable que los hombres se dediquen a pensar en regiones invisibles y desconocidas. Simplemente, disfrutarán de su situación y de lo que tienen. Por el contrario, insistirá nuestro autor:

> [...] todo accidente desgraciado nos alarma y pone en marcha nuestras investigaciones sobre los principios de donde surgió. Nacen los temores con respecto al futuro; y la mente, sumida en la desconfianza, el terror y la melancolía, recurre a todos los medios para apaciguar a esos poderes inteligentes y secretos de los que se supone que depende completamente nuestra fortuna (*Natural History of Religion*, III, p. 36).

Ahora bien, ¿qué idea se formarán de esos poderes unos hombres a los que dominan la preocupación y el temor? ¿No será natural que se los representen como diabólicos y maléficos? La respuesta de Hume no puede ser más afirmativa:

> Toda imagen de venganza, severidad, crueldad y malicia debe presentarse y aumentar el miedo y el horror que oprimen al asombrado creyente. Una vez que el pánico se ha apoderado de la mente, la actividad de la fantasía multiplica todavía más los objetos que causan terror; mientras que esa profunda oscuridad o, lo que es peor, esa luz tenue en la que estamos envueltos nos representa a los espectros de la divinidad bajo las apariencias más espantosas que imaginarse pueda. Y no puede formarse una idea de maldad perversa que esos aterrados devotos, sin ningún escrúpulo, no apliquen

en seguida a su deidad (*Natural History of Religion*, XIII, p. 81).

Una vez admitido el punto de vista anterior —que a los lectores educados en el calvinismo de comienzos del siglo XVIII no debía de sorprenderles para nada—, la conclusión de Hume será que los principios religiosos que de hecho han prevalecido en el mundo no son sino «sueños de hombres enfermos» (*Natural History of Religion*, XV, p. 94). No es solo que la religión surge del temor, sino que en vez de servir de consuelo aumenta ese mismo miedo, por ejemplo con la amenaza de castigos infinitos en el infierno. El desequilibrio mental, un espíritu sombrío y descentrado, parece ser el destino que aguarda al creyente. Así, no solo sabemos que las creencias religiosas carecen de cualquier apoyo racional, sino que conocemos también las causas psicológicas que las generan y que nos hacen propensos a ellas. Un escéptico que siga a Hume escuchará con atención lo que el hombre religioso le diga, pero es muy poco probable que acabe «convertido». La idea de que conoce bien las pasiones que favorecen tales creencias nunca se alejará mucho de su mente. Ello hará que se sienta justificado en su actitud de sospecha ante las mismas.

Todo nos lleva a pensar que, para Hume, el escéptico y el creyente nunca pueden dialogar en un plano de igualdad. El primero dispone de una teoría psicológica en virtud de la cual cree haber descubierto los motivos que llevan al segundo a defender sus ideas. La postura del escéptico es como la del médico que no ve en las palabras del melancólico sino síntomas de su enfermedad: el creyente religioso podría seguir predicando su fe, pero debería aceptar que muchos la vean con horror y que la consideren una enfermedad.

Para terminar de entender cabalmente este asunto, hemos de analizar las ideas de Hume sobre la moral. Es ahí donde se mostrará que la religión no es útil ni beneficiosa desde el punto de vista social, destruyendo así completamente lo que mencionábamos que podía ser la segunda defensa del creyente. No es solo que no quede ningún elemento religioso a salvo de la crítica, sino que además Hume pensaba que podía ofrecernos con toda coherencia un mundo valorativo inmanente. Situarse más allá de la religión y ofrecer a sus lectores la posibilidad de hacer lo mismo requería dar ese paso.

La búsqueda de los principios de la moral

La existencia de la conciencia moral se nos presenta como un hecho innegable. Por todas partes nos vemos rodeados de juicios morales que emitimos nosotros mismos o que oímos a los demás: «eso no se hace», «bien hecho» y otros parecidos. Pues bien, ¿en qué descansa la moralidad? Y concretando un poco más nuestra pregunta: ¿qué respuesta ofrecer una vez que se es muy consciente de la diversidad de opiniones morales que los hombres han mantenido en diversos momentos de la historia, en diferentes culturas o incluso dentro de una misma sociedad? ¿No escribió Montaigne en su ensayo «De los caníbales» que «cada cual considera bárbaro lo que no pertenece a sus costumbres»? En esta situación el filósofo moral experimentará la tentación del escepticismo, de reducir su planteamiento al de un sociólogo o psicólogo de la moral.

Pues bien, si pensáramos que Hume es a este respecto un escéptico —un relativista, diríamos hoy—, nos equivocaríamos por completo. Para él, encontrar el origen de la moral y defender claramente determinados principios de validez universal eran lo mismo. En cuanto a las diferencias de costumbres que observamos en distintas sociedades, puede muy bien ser que tengan mucho de superficiales, que no sean sino manifestaciones por fuerza convencionales de principios en el fondo idénticos. De este problema se ocupó Hume cuando destacó que:

> [...] muchas de las formas que adoptan los buenos modales son arbitrarias y casuales; pero aquello que expresan es siempre lo mismo. Un español saldrá de su propia casa delante de su huésped, para dar a entender que le deja dueño de todo. En otros países, el propietario sale el último, como una señal normal de deferencia y consideración.[14]

Se percibe aquí que una misma deferencia (un mismo significado, diríamos) es puesta de manifiesto usando costumbres contrapuestas. Detrás de la diversidad puede encontrarse muchas veces la uniformidad. Esta respuesta, por supuesto, no puede resolver todos nuestros problemas, no puede dar cuenta de todas las diferencias de sentimientos y valoraciones morales que encontramos a nuestro alrededor. Pero al igual que constituye un procedimiento satisfactorio en algunos casos, puede que haya

[14] David Hume: *Investigación sobre los principios de la moral.* Edición y traducción de Gerardo López Sastre. Espasa Calpe, Madrid, 1991, sección VIII, p. 133. Citaremos esta edición en el texto principal como IPM, seguido de un número romano que indicará la sección, y de la página o páginas correspondientes a la cita.

otros procedimientos, otras explicaciones, que darían cuenta de esa diversidad manifiesta y nos permitirían clasificarla. Por eso convenía decir ya desde el principio que Hume no es un escéptico en el ámbito de la moral. Quería buscar unos principios indubitables que al mismo tiempo explicaran esa diversidad de valoraciones morales que encontramos un poco por todas partes.

En las líneas que siguen intentaremos mostrar que este moverse entre la uniformidad y la variedad convierte a la teoría moral de Hume en algo verdaderamente interesante y que la dota de una capacidad explicativa importante.

Un catálogo de virtudes

Hume pensaba que para abordar esta pregunta por los principios de la moral podemos empezar elaborando un catálogo de virtudes, de las cualidades o rasgos que constituirían el mérito personal, para luego, a partir de ese catálogo, buscar los principios generales en los que se resuelven. La elaboración de dicho catálogo no es difícil, pues tenemos dos recursos para ello.

En primer lugar, podemos recurrir a la introspección, preguntándonos qué cualidades desearíamos que los demás nos atribuyeran. Dicho de otra forma, ¿qué imagen me gustaría proyectar de mí mismo? Es importante destacar que Hume no dice que se trate de cualidades que me gustaría poseer, sino de cualidades que me gustaría que los demás pensaran que poseo, lo que es completamente distinto. A lo mejor no tengo ningún deseo de ser honrado, justo o sincero, y de hecho no me importa no serlo siempre que me beneficie; pero sin duda preferiré que los demás me atribuyan esas cualidades. A lo mejor no me importa ser un cobarde, pero lo normal es que ante los demás prefiera pasar por un valiente.

Como segundo procedimiento para elaborar nuestro catálogo de virtudes, Hume observa que la misma naturaleza del lenguaje nos guía en este empeño:

> Como toda lengua posee un conjunto de palabras que se toman en un buen sentido y otro conjunto que se toman en el opuesto, la menor familiaridad con el idioma basta para, sin ningún razonamiento, guiarnos en la tarea de reunir y clasificar las cualidades estimables o reprensibles de los hombres (IPM, I, p. 37).

En efecto, llamar «valiente» a una persona no es solo describir su conducta, sino también elogiarla (al igual que «cobarde» es un insulto). Podríamos decir que los términos de cualquier idioma no solo son descriptivos, sino que también conllevan una valoración, y esta es a la que debemos atender aquí. Con un ejemplo que pone Hume de este procedimiento, epítetos como «sociable», «de buen natural», «humano», «compasivo», «agradecido», «amigable», «generoso», «benéfico» o sus equivalentes, son conocidos en todas las lenguas, y expresan universalmente el mérito más alto que la naturaleza humana es capaz de alcanzar.

Pues bien, aplicando estos dos procedimientos podemos elaborar un extenso catálogo de virtudes que, además de las cualidades que acabamos de mencionar, sin duda incluirían la justicia, la fidelidad, la veracidad, la lealtad, el sentido de la amistad, la ternura, la laboriosidad, la prudencia, la inteligencia, el espíritu emprendedor, el sentido del orden, la perseverancia o constancia, la previsión, un espíritu alegre, una cierta serenidad filosófica frente a los azares de la vida, el ingenio, la afabilidad, la cortesía, los buenos modales, la modestia, etcétera.

¿De dónde se deriva la aprobación que obtienen esas cualidades y otras muchas que podemos incluir en nuestro catálogo de virtudes? Esos serían los principios de la moral, las raíces de la misma. Y lo que piensa Hume es que todas las virtudes que acabamos de mencionar pueden entrar dentro de una o varias de las categorías de la clasificación siguiente:

1. Útil a los demás.
2. Útil a su poseedor.
3. Inmediatamente agradable para los demás.
4. Inmediatamente agradable para quien la posea.

Es fácil darse cuenta de que la posesión por mi parte de cualidades como la justicia, la generosidad, la lealtad, etcétera, les resultará muy útil a las personas con las que me relacione. Mi generosidad o mi lealtad significan para mis conocidos que podrán contar con mi ayuda en caso de que la necesiten en un momento de apuro y que no los traicionaré. Y también es muy evidente que, a cada uno de nosotros, la posesión de cualidades como la laboriosidad, la inteligencia o el espíritu emprendedor nos resulta útil porque nos permiten alcanzar nuestros objetivos en la vida. A su vez, nuestros buenos modales y nuestra amabilidad se consideran inmediatamente agradables para los demás, mientras que nuestro espíritu alegre o una serenidad filosófica que ponga en perspectiva todos los acontecimientos de la vida nos parecerán inmediatamente agradables a nosotros mismos.

Por supuesto, Hume especificará que si una acción es virtuosa o viciosa lo es solo en tanto que signo de alguna cualidad duradera de la mente, que se manifiesta en toda la conducta y que forma parte del carácter personal. A las acciones mismas, mientras no procedan de un principio constante, nunca se las considera en la moral. También hay que aclarar que una misma cualidad puede incluirse en varias categorías. Pensemos, por ejemplo, en que el buen humor o el ingenio se consideran inmediatamente agradables tanto a la persona que los posee como a todos los que están en contacto con ella. O en que la honradez y la sinceridad son cualidades que les resultan útiles a los demás, pero que una vez establecidas sobre este fundamento, acaban siendo útiles para la persona que las posee, pues se convierten en fuente de consideración y confianza. Igual de importante es la observación de que determinados comportamientos o rasgos del carácter solo llegan a ser virtuosos cuando van acompañados de la benevolencia o el sentido de humanidad. Así, Hume escribe que:

> [...] la valentía y la ambición, cuando no están reguladas por la benevolencia, solo son adecuadas para crear un tirano o un peligro público. El caso es el mismo con la capacidad de juicio y la inteligencia, y con todas las cualidades de esa clase. En sí mismas son indiferentes con respecto a los intereses de la sociedad, y tienen una tendencia hacia el bien o el mal de la humanidad según sean dirigidas por esas otras pasiones (*Treatise*, III, III, III, p. 604).[15]

Al fin y al cabo, un tirano inteligente o perseverante causará más daño a la sociedad que uno torpe y perezoso. Luego la inteligencia solo es buena en los hombres que son benevolentes.

¿Cómo podemos valorar esta teoría moral? ¿Qué problemas presenta? Hume pensaba que un buen argumento a su favor es que en la vida normal esta idea de que el mérito personal consiste enteramente en la posesión de cualidades mentales útiles o inmediatamente agradables para uno mismo o para los demás se mantiene siempre de forma incondicional; y que «cuando realizamos algún panegírico o alguna sátira, cuando aplaudimos o

[15] Kant afirma lo mismo al comienzo de la *Fundamentación de la metafísica de las costumbres*: «El entendimiento, el ingenio, la capacidad de juzgar, y como quiera que se llamen por lo demás los talentos del espíritu [...] son, sin duda, en diversos respectos, buenos y deseables, pero también pueden llegar a ser en extremo malos y nocivos si la voluntad que ha de hacer uso de estos dones naturales, y cuya peculiar constitución se llama por eso carácter, no es buena.» Immanuel Kant: *Fundamentación de la metafísica de las costumbres*. Edición bilingüe y traducción de José Mardomingo. Ed. Ariel, Barcelona, 1996, p. 117.

censuramos una conducta o acción humana, no se recurre nunca a ninguna otra consideración de alabanza o censura» (IPM, IX, p. 141). La verdad es que parece difícil poner alguna objeción a sus palabras. Si le preguntamos a una persona por qué hace ejercicio, puede contestarnos que porque le gusta; es decir, porque le resulta inmediatamente agradable. Ya tenemos la razón que buscábamos. O podría respondernos que practica ejercicio porque desea conservar su salud. Si le preguntamos entonces por qué desea conservar la salud, lo normal es que conteste que es un estado inmediatamente agradable, mientras que la enfermedad es dolorosa. En esta segunda respuesta, la explicación del ejercicio es que resulta útil para un fin, que a su vez es inmediatamente agradable.

En suma, la búsqueda de lo útil y de lo inmediatamente agradable está siempre presente en nuestras vidas. Ahora bien, que esta teoría cuente con este apoyo evidente no significa que no presente dificultades, que, al volver más compleja la teoría hasta ahora expuesta, llevan a tomar conciencia del problema de la diversidad cultural. Pero antes de analizar esas dificultades tenemos que profundizar todavía un poco más en el fundamento de la moral. No se trata de que vayamos a aportar nada nuevo a lo ya mencionado, sino de que cobremos conciencia de una implicación importantísima de lo logrado hasta aquí.

La preocupación por los demás

Queremos destacar que en la medida en que aprobamos la presencia de lo útil o de lo inmediatamente agradable en casos que de ninguna manera están relacionados con nuestro bienestar —como, por ejemplo, en una narración de algo sucedido hace siglos o en un país lejano—, debemos admitir que, además de amarnos a nosotros mismos, no nos resultan indiferentes los intereses de los demás o su felicidad. Si los demás lloran, es fácil que yo acabe llorando con ellos. Si los demás se alegran, yo me alegraré. La contemplación de la felicidad de otras personas —cuando no hay lugar para la envidia o el deseo de venganza— nos proporciona placer de forma natural, mientras que la visión de su dolor y tristeza nos comunica desasosiego. Esto parece inseparable de nuestra estructura y constitución.

Otra cosa es que únicamente las mentes más generosas se sienten impulsadas a buscar con entusiasmo el bien de los demás y a tener una verdadera pasión por su bienestar. En hombres de espíritu estrecho —vamos a llamarles así—, esta simpatía no irá más allá de una ligera emoción de la imaginación que solo sirve para provocar sentimientos de complacencia y censura, y hacer que apliquen al objeto términos honrosos o deshonrosos. Dicho de otra forma, esa simpatía o principio de humanidad no es un principio de acción en muchas personas. No vamos a poder contar con ella en la vida política, aunque no debamos dudar de que está ahí. Nos sirve para formular juicios morales, que es lo que nos interesa en este punto de nuestra exposición.

Si nos alejamos de las coordenadas culturales o históricas de Hume, podemos mencionar la teoría de un filósofo chino de la Antigüedad, Mencio, que insiste en la importancia del mismo sentimiento de humanidad o benevolencia, de preocupación desinteresada por los demás, que Hume está buscando aislar. Así, Mencio afirma que «todos los hombres tienen un corazón incapaz de soportar los sufrimientos de los otros»,[16] y pone el ejemplo de alguien que viera que un niño está a punto de caer a un pozo. ¿No experimentaría una reacción de espanto? El hecho de aprestarse a ayudarle sería algo inmediato, que no tendría nada que ver con la motivación de obtener el agradecimiento de los padres ni fama entre sus conocidos. ¡Este es el origen de la moral! De este modo, podemos concluir que quien está desprovisto de esta compasión, de la capacidad de simpatizar con los demás, no es verdaderamente humano. Estaríamos ante lo que Hume denomina un «monstruo imaginario», al que describe de la siguiente manera:

> Supongamos que una persona está constituida originariamente de tal forma que no tiene ninguna preocupación por sus semejantes, sino que considera la felicidad y el sufrimiento de todos los seres sensibles con una indiferencia más grande que a dos tonalidades colindantes del mismo color. Supongamos que, si se colocara a un lado la prosperidad de las naciones

[16] Mencio 2, 6,1, en Confucio, Mencio: *Los cuatro libros*. Prólogo, traducción y notas de Joaquín Pérez Arroyo. Alfaguara, Madrid, 1982, p. 179.

> y al otro su ruina, y se le pidiera que escogiera, que permaneciera como el asno del escolástico, indeciso y sin determinarse entre dos motivos iguales; o, más bien, de forma parecida al mismo asno colocado entre dos trozos de madera o de mármol, sin ninguna inclinación ni propensión hacia ningún lado. Creo que habría que admitir que tal persona, al estar completamente despreocupada del bien público de la comunidad o de la utilidad privada de otras personas, miraría a todas las cualidades, por perniciosas o beneficiosas que fueran para la sociedad o para su poseedor, con la misma indiferencia que al objeto más común y falto de interés (IPM, VI, p. 103).

¿Cómo podríamos hablar de moral con este individuo? ¿Qué razones podríamos emplear? Hume confiesa su impotencia al respecto en el ensayo «El escéptico»:

> Cuando uno nace con una constitución mental tan perversa, con una disposición tan cruel e insensible, como para no tener inclinación ninguna por la virtud y la humanidad, ninguna simpatía por sus prójimos, ningún deseo de estima y aplauso; tal individuo debe ser reconocido como enteramente incurable; y no existe remedio alguno en la filosofía. No obtiene satisfacción sino con los objetos bajos y sensuales, o con la indulgencia ante algunas pasiones malignas; no siente remordimiento alguno que controle sus viciosas inclinaciones; no tiene ni siquiera ese sentido del gusto,

> que es requisito para hacerle desear un carácter mejor. [...] Debo repetirlo: mi filosofía no ofrece ningún remedio en tal caso, y no podría sino lamentar la infeliz condición de esta persona.[17]

Lamentar la situación de semejante persona no es un mero ejercicio de retórica. Tal individuo, al no preocuparse por nadie, sería claramente un caso patológico. Como muy bien observó hace tiempo el profesor Bernard Williams —un importante filósofo británico del siglo pasado—, parecería que estamos describiendo a un psicópata. Y como explica:

> Si se trata de un psicópata, la idea de argumentar con él en favor de la moralidad puede ser ciertamente vana, pero el hecho de que sea vana no tiene por qué socavar la base de la moralidad o de la racionalidad. Pues la actividad de justificar la moralidad ha de extraer el interés que tiene de la existencia de una alternativa; de que haya algo *contra* lo que justificarla.[18]

Esto es verdad. El psicópata, una figura en nada envidiable, más susceptible de provocar pena u horror que otra cosa, no es una alternativa frente a la que tenga

[17] David Hume: *Disertación sobre las pasiones y otros ensayos morales*. Edición bilingüe. Introducción, traducción y notas de José Luis Tasset Carmona. Ed. Anthropos y Centro de Publicaciones del Ministerio de Educación y Ciencia, Barcelona y Madrid, 1990, pp. 249-251.

[18] Bernard Williams: *Introducción a la ética*. Traducción de Manuel Jiménez Redondo. Cátedra, Madrid, 1987, p. 23.

que defenderse la moral. Nos muestra, por el contrario, de dónde parte la moral, de que nos vemos afectados por la felicidad o la infelicidad ajenas.

Como también observa Bernard Williams, el estereotipo de un gánster es el de una figura despiadada, pero que se preocupa por su madre o su amante. Es capaz de pensar en función de los intereses de los otros, lo que ocurre es que lo hace de una forma terriblemente parcial, despreocupándose del daño que causa a sus víctimas. Pero ello significa que para conseguir que ese gánster llegue a tener un comportamiento moral no es necesario que experimente un sentimiento que hasta ese momento desconocía, sino que extienda de una manera mucho más amplia esa simpatía que ya posee. Porque la moralidad, como estamos aprendiendo ahora, es la expresión no de un punto de vista particular del agente, sino de un punto de vista común o imparcial. Como escribe Hume:

> Cuando un hombre denomina a otro su «enemigo», su «rival», su «antagonista», su «adversario», se entiende que habla el lenguaje del egoísmo, y que expresa sentimientos que le son peculiares y que surgen de su situación y circunstancias particulares. Pero cuando otorga a cualquier hombre los epítetos de «vicioso», «odioso» o «depravado», habla entonces otro lenguaje, y expresa sentimientos con los que espera que todo su auditorio estará de acuerdo. Por tanto, aquí debe apartarse de su situación privada y particular, y debe escoger un punto de vista que sea común a él y a los demás. Debe mover

La estética y la norma del gusto en Hume

Hume también desarrolló una teoría del gusto estético. De manera análoga a su teoría moral, pensaba que los juicios estéticos no son propiamente del entendimiento, sino que expresan nuestra reacción de agrado ante la contemplación de determinadas características de los objetos. La belleza no es percibida, no es una cualidad de los objetos. Por citar un ejemplo, no es una propiedad de las figuras geométricas, sino solo el efecto que esas figuras producen en la mente. Nuestra mente está constituida de tal manera que puede experimentar una sensación peculiar de agrado ante la contemplación de ciertas cualidades de los objetos. ¿Qué cualidades son esas? A este respecto, sus ejemplos son muy significativos:

> Una máquina, un mueble, un vestido, una casa bien adaptados para nuestro uso y comodidad son bellos en esa medida, y se contemplan con placer y aprobación. (IPM, II, p. 42)

E igualmente:

> Unas espaldas anchas, un vientre liso, unas articulaciones firmes, unas piernas esbeltas, todas estas características resultan hermosas en nuestra especie porque son signos de fuerza y vigor. Las ideas de utilidad y de su contrario, aunque no determinan completamente lo que resulta bien parecido y deforme, son de forma evidente la fuente de una parte considerable de la aprobación o de la aversión. (IPM, VI, p. 114).

¡Hasta tal punto es importante en su pensamiento la idea de utilidad! También es muy interesante su refutación de lo que hoy llamaríamos «relativismo estético»: si todo es cuestión de gusto o sentimiento, nadie puede estar equivocado en sus apreciaciones, y por tanto no merece la pena discutir sobre el tema. En su crítica de esta postura recurre a una conocida historia extraída de *Don Quijote*. Así nos la cuenta Hume en «De la norma del gusto»:

> Es con buena razón, dice Sancho [...], que pretendo entender de vinos: Esta es una cualidad hereditaria en mi familia. A dos de mis parientes les pidieron una vez que dieran su opinión acerca del contenido de una cuba que se suponía que era excelente, al ser viejo y de buena cosecha. Uno de ellos lo degusta, lo considera, y tras una reflexión madura dice que el vino sería bueno si no fuera por un ligero sabor a cuero que había percibido en él. El otro, tras tomar las mismas precauciones, pronuncia también su veredicto a favor del vino, pero con la reserva de cierto sabor a hierro que fácilmente pudo distinguir. No podéis imaginar cuánto se los ridiculizó a causa de su juicio. Pero ¿quién rio el último? Al vaciar la cuba, se encontró en el fondo una vieja llave con una correa de cuero atada a ella.
>
> La gran semejanza entre el gusto mental y el corporal nos enseñará fácilmente a aplicar esta historia. Aunque es cierto que la belleza y la deformidad no son cualidades de los objetos, más de lo que puedan serlo lo dulce y lo amargo, sino que pertenecen enteramente al sentimiento, interno

o externo; debe admitirse que hay ciertas cualidades en los objetos que son apropiadas por naturaleza para producir estos sentimientos particulares. [...] Cuando los órganos de los sentidos son tan sutiles que no permiten que se les escape nada, y al mismo tiempo tan exactos que perciben cada uno de los ingredientes del conjunto, denominamos a esto delicadeza del gusto, empleando los términos en sentido literal o metafórico. (*Essays*, ed. cit., pp. 234-235).

algún principio universal de la constitución humana, y pulsar una cuerda en la que toda la humanidad esté de acuerdo y en armonía. [...] Aunque no se puede considerar generalmente que este sentimiento de humanidad sea tan fuerte como la vanidad o la ambición, sin embargo, al ser común a todos los hombres, solo él puede ser el fundamento de la moral o de un sistema general de censura o alabanza. La ambición de un hombre no es la ambición de otro; y el mismo acontecimiento u objeto no resultará satisfactorio para ambos. Pero la humanidad de un hombre es la humanidad de todos, y el mismo objeto afecta a esta pasión en todas las criaturas humanas. (IPM, IX, pp. 144-145).

Hume insiste en numerosas ocasiones en ese tema, en que todo lo que promueve los intereses de nuestra especie y hace feliz a la sociedad humana se considera con placer y complacencia, en que los intereses de la sociedad no nos resultan completamente indiferentes, en que «la mera visión de la felicidad, la alegría y la prosperidad proporciona placer, en que estamos dotados de una "filantropía natural"».

La explicación de la variedad de los juicios morales

Una vez aclarado este importantísimo punto, podemos pasar ya a las dificultades que la teoría de Hume presenta. Y hay dos que llegan casi a la línea de flotación de su planteamiento. Tienen que ver con los procedimientos a los que Hume ha recurrido para elaborar su catálogo de virtudes. En cuanto al recurso a los elementos valorativos presentes en el mismo lenguaje, puede suceder muy bien que no alcancen a especificar el contenido concreto de aquello que aplaudimos. Es obvio, sin duda, que escritores de todas las naciones y todas las épocas coinciden en aplaudir la justicia, la humanidad, la magnanimidad, la prudencia y la veracidad, y en censurar las cualidades opuestas. La palabra «virtud», o su equivalente en todas las lenguas, implica elogio; al igual que la palabra «vicio» implica censura. Y nadie, sin caer en la impropiedad más obvia y grande, insistirá Hume, podría conceder un valor de reproche a un término que en la aceptación general se comprende en un buen sentido, o bien aplaudir donde el idioma requiere desaprobación.

Así pues, quienquiera que recomiende una virtud moral no hace más que lo que está implicado en los mismos términos. Podríamos decir que quien insiste en que la justicia es una virtud moral y nos la recomienda, en el fondo no está diciendo nada. Lo que necesitamos saber es si la pena de muerte o la tortura son justas o injustas. O en casos como la benevolencia o la generosidad, en las que lo que implican a nivel concreto estas cualidades puede ser más claro, a lo mejor el problema es hasta dónde nos exige la moral que las extendamos, cuál debería ser su alcance; ¿he de ser igual de generoso con los que no son miembros de mi nación, o con ellos puedo mostrarme indiferente?

Podemos ya extraer, por consiguiente, una primera conclusión. El análisis del lenguaje no nos ayuda tanto como parecía prometer a la hora de encontrar nuestro catálogo de virtudes. De hecho, puede esconder o disimular diferencias profundas de valoración.

El otro recurso, acudir a la introspección y preguntarnos qué cualidades nos gustaría que los demás nos atribuyeran, también tiene algo de insatisfactorio y puede apreciarse muy bien en función de un mero ejemplo. Muchas personas, a lo largo de la historia y en la propia época en que Hume estaba escribiendo, habrían elegido la piedad como la virtud más importante que desearían que se les atribuyera. ¿No deberíamos entonces preguntarnos cómo es que Hume no la incluye en su catálogo de virtudes?

Para poder contestar a esta pregunta podemos plantearnos otra de alcance más amplio. El hombre de Hume que se pregunta qué virtudes le gustaría que los demás pensaran que tiene, ¿es cualquier hombre real, ya condicionado socialmente por unas pautas culturales y unas creencias asumidas? Si este es el caso, no parece que pueda haber muchas dudas acerca de que la piedad y otras virtudes religiosas (y en breve vamos a ver lo problemáticas que estas resultan) habrían de ocupar una parte muy importante de nuestro catálogo. Luego el procedimiento que Hume nos propone solo funciona si quien se hace esa pregunta es un hombre no condicionado por falsas creencias o percepciones, un hombre en muchos sentidos más ideal que real.[19]

El procedimiento no es, por tanto, meramente descriptivo, sino que ya presenta evaluaciones morales desde su mismo comienzo. Descartaría las opiniones de algunas personas y estaría dispuesto a aceptar otras. ¿No será, en suma, un procedimiento circular? ¿No podría argumentarse que no podemos utilizar lo placentero y lo útil como criterio para fundar la moral, porque estas son cosas que dependen de las virtudes que poseamos? Creíamos que el suelo de la moral —si podemos expresarnos así— estaba en lo útil y lo inmediatamente agradable, pero es que estas cosas no están por debajo de la moral, sino por encima. Según nuestra moral, encontraremos agradables unas cosas y desagradables otras.

[19] Esta objeción se encuentra en Alasdair MacIntyre: *Tras la virtud*. Traducción de Amalia Valcárcel. Ed. Crítica, Barcelona, 1987, p. 202.

En cierta medida esta crítica es correcta. Ya William James había destacado que, completamente al margen del placer inmediato que una experiencia sensible pueda proporcionarnos, nuestra actitud moral general al procurarnos o sufrir la experiencia trae consigo una satisfacción o desagrado de carácter secundario.[20] Uno puede experimentar el placer de fumar y el profundo desagrado de no tener la fuerza de voluntad suficiente para dejar ese hábito que considera nocivo. Y se nos ocurre pensar que, en el ámbito de la sexualidad, el sentimiento de culpa por lo que uno está haciendo puede destruir el placer primario. Hemos de concluir, por consiguiente, que lo que yo encuentre agradable dependerá en un grado considerable de mi educación, de las virtudes que posea. El placer de jugar al ajedrez se adquiere, al igual que el placer de participar en una peregrinación religiosa.

Alguien a quien le haya convencido la teoría de Hume debería reconocer que se encuentra ahora en una situación intelectualmente bastante incómoda. Resulta que no podemos definir la virtud a partir de lo útil y lo inmediatamente agradable, porque dependerá de las virtudes (o de la educación) que poseamos que encontremos útiles o agradables unas acciones u otras.

¿Qué podría decir Hume en este contexto? ¿Cómo podría salir del atolladero teórico al que parece habernos conducido? Pues recalcando que apelar a la naturaleza humana en un sentido casi biológico puede solucionar

[20] Véase William James: *The Varieties of Religious Experience*. Edited with an Introduction by Martin E. Marty. Penguin, Harmondsworth, 1985, p. 298.

el problema. La mayoría de los hombres prefieren el bienestar y el confort al hambre y la miseria. No está de más recordar que las migraciones se producen de países pobres a países ricos. No parece que quepa temer que las masas europeas descubran de pronto los atractivos de vivir en la actual Liberia. En general, preferimos que nuestra vida sea larga a que sea corta, y por eso podemos definir como virtuoso aquello que tiende a prolongar y volver más segura y agradable nuestra vida sobre la Tierra. Se apela aquí a una naturaleza humana básica y se considera que la cultura ha de servir de instrumento para su promoción.

Visto desde esta perspectiva, el procedimiento que Hume nos propone habría de verse como un círculo que se va refinando a cada vuelta, surgiendo así una espiral. Hay un punto de partida —el aprecio por lo inmediatamente agradable y por lo que resulta útil para su consecución— que puede conducirnos a puntos de vista equivocados (como admitir la piedad religiosa en nuestro catálogo de virtudes, aunque todavía no hemos explicado la razón de este rechazo), pero que nos proporciona la capacidad de iniciar una investigación con el impulso y la capacidad de progreso suficientes como para que a su debido tiempo podamos corregir los errores del primer momento. Empieza ya a apuntar aquí el papel de la razón y la idea de que existe el progreso moral. La razón, al proporcionarnos una visión más real del universo en el que vivimos y del resultado de nuestras acciones en él (en el mundo natural y en el social) —es decir, de la utilidad de nuestros comportamientos—, nos obliga a reelaborar nuestros juicios morales sobre estos.

Para comprender toda la complejidad de este problema en el pensamiento de Hume, hay que recurrir a su escrito «Un diálogo», una especie de apéndice a la *Investigación sobre los principios de la moral* que sirve a la vez de conclusión y resumen de la obra. En él se nos presenta a un tal Palamedes, quien relata que ha pasado una parte considerable de su vida en un país llamado Fourli, una nación a cuyos habitantes encontró en su mayor parte «extremadamente civilizados e inteligentes». Lo destacable es que sus opiniones morales resultaban «diametralmente opuestas a las nuestras» (se supone que a las opiniones de la Gran Bretaña de la época). Palamedes explica que a su llegada se encontró con que tenía que realizar un doble esfuerzo: no solo aprender el significado de los términos del lenguaje hablado en Fourli, sino también conocer el sentido de estos términos y el elogio o la censura unidos a ellos. Dirá: «Después de que una palabra me había sido explicada, y se me había descrito el carácter que expresaba, yo concluía que tal epíteto debía ser de forma necesaria el reproche más grande del mundo», pero la experiencia le mostraba inevitablemente que sus conclusiones eran erróneas. En Fourli, destacará Palamedes, los amores homosexuales son aprobados y aceptados con plena normalidad, al igual que el suicidio es admirado como manera de evitar el sufrimiento que conlleva la enfermedad. Asimismo, en algunos casos la moderación se lleva a un extremo que resultaría incompatible con nuestro sentido de la dignidad; por ejemplo, dejarse golpear con tal de poder concluir con éxito un proyecto importante. Y no parece que el asesinato y el parricidio despierten ningún sentimiento de horror.

La respuesta del interlocutor de Palamedes (al que podemos identificar con Hume) es afirmar que «costumbres tan bárbaras y salvajes no son solo incompatibles con un pueblo inteligente y civilizado, como dijiste que eran, sino que apenas son compatibles con la naturaleza humana». (IPM, «Un diálogo», p. 206). Pero Palamedes va a revelar que todo el rato, bajo nombres imaginarios, ha estado hablando de los atenienses del mundo antiguo. Ha intentado poner de relieve que:

> [...] un ateniense de mérito podía ser un hombre al que entre nosotros se le consideraría incestuoso, parricida, asesino, un traidor ingrato, perjuro [...]. Y habiendo vivido de esta manera, su muerte podría ser enteramente consecuente. Podría concluir la escena con un acto desesperado de suicidio [...] Y, a pesar de todo esto, tendría estatuas, si no altares, erigidas en su memoria. (IPM, «Un diálogo», p. 207-208)

La respuesta de Hume es una descripción de las costumbres de la Francia del momento. ¿Cómo reaccionarían los atenienses ante la noticia de que existe un país en el que el adulterio está en boga y goza de la mayor estima, donde todo hombre educado escoge como amante a una mujer casada, quizá la esposa de un amigo, y donde al mismo tiempo se enorgullece de su aceptación y complacencia con respecto a su propia esposa, a la que utiliza para promover sus intereses animándola a prostituir sus encantos? ¿Qué pensarían de los duelos, del hecho de que los franceses estén dispuestos a batirse a muerte, aunque sea con un amigo, por cualquier burla, pero que nunca desenvainen la espada para acabar con su propia vida, librándose así de la miseria y el dolor? Como escribe Hume:

> Un hombre de rango remaría en las galeras, mendigaría su pan, se pudriría en una prisión, sufriría cualquier tortura y, a pesar de todo, conservaría su miserable vida. Antes que escapar de sus enemigos mediante un noble desprecio de la muerte, recibiría de forma infame la misma muerte de sus enemigos, agravada por sus triunfantes insultos y por los sufrimientos más intensos. (IPM, «Un diálogo», p. 210)

Por otra parte, si bien los atenienses se enorgullecían de su libertad, ¿no parecen complacerse los franceses en la tiranía, en amar, servir y obedecer a su rey, e incluso en morir por su satisfacción más pequeña? ¿No sería inevitable que los griegos pensaran que les estábamos hablando de una especie inferior? Y ¿qué pensarían de los conventos y los monasterios, en los que acaban encerrados unos hijos para que otro pueda disfrutar de toda la fortuna familiar y, por consiguiente, de todos los placeres que el mundo pueda ofrecer?

A Palamedes no le preocupa esta disparidad de valoraciones, porque se apresura a aclarar que no pretendía ensalzar a los modernos sobre los antiguos o a la inversa. Por el contrario, solo pretendía representar la incertidumbre de todos estos juicios sobre los caracteres y convencernos de que la moda y la costumbre son el principal fundamento en todas las determinaciones morales. Lo cierto es que a un ateniense admirado en su época hoy lo miraríamos con horror. Los franceses son también, sin duda, un pueblo muy civilizado e inteligente, pese a lo cual su hombre de mérito podría ser objeto del mayor desprecio y ridículo por parte de los atenienses. La conclusión no puede ser más clara. El escepticismo, la idea de que es imposible fijar una norma moral, es la única postura coherente.

Este es el razonamiento que Hume va a intentar combatir. Una comparación le sirve para mostrar la estrategia que a tal efecto va a utilizar: el Rin fluye hacia el norte y el Ródano, hacia el sur; sin embargo, ambos ríos parten de la misma montaña, y en su fluir en direcciones opuestas obedecen a la misma ley de la gravedad. ¿No podría haber principios universales en la moral que al operar bajo circunstancias diferentes producen comportamientos morales contrapuestos? Hume vuelve a insistir aquí en su teoría moral:

> Parece que nunca hubo una cualidad que alguien recomendara como una virtud o excelencia moral sino en razón de resultar *útil* o *agradable* al *mismo* hombre o a

> *otros*. Porque, ¿qué otra razón puede darse para el elogio o la aprobación? O ¿qué sentido tendría ensalzar un *buen* carácter o una *buena* acción que al mismo tiempo se admite que *no son buenos para nada*? Por tanto, todas las diferencias en la moral pueden reducirse a este único fundamento general, y se las puede explicar por los puntos de vista diferentes que la gente tiene de estas circunstancias. (IPM, «Un diálogo», p. 215)

Vamos a dejar que el lector intente explicar por sí mismo las diferencias descritas entre los atenienses y los franceses, buscando la utilidad y el placer particulares que cada conducta pueda proporcionar (por supuesto, Hume ofrece su propia explicación, pero no disponemos de espacio para exponer su análisis). Lo importante es el método que aquí se nos está ofreciendo. Algunas diferencias se explican atendiendo a cómo una misma naturaleza humana responde a circunstancias diferentes. Nuestro autor ya había observado que la memoria era más importante en el mundo antiguo que en el moderno. En este último no son tan importantes los elegantes discursos sin apuntes, y existe la confianza en los documentos escritos. Luego, al variar la utilidad cambia la consideración de la virtud. Lo mismo ocurre con la valentía, cuya utilidad no es la misma en una sociedad guerrera que en una sociedad que disfruta de una paz estable. En esta última, un espíritu emprendedor y atento a las necesidades del comercio resultará mucho más útil que el valor físico, y obtendrá por tanto mayor atención y consideración.

Otras veces ocurre que conclusiones más acertadas de nuestra razón, basadas en una experiencia mucho más amplia de los efectos de una conducta o una cualidad, alteran su consideración como viciosa o virtuosa. Veamos un ejemplo que Hume nos propone:

> Durante mucho tiempo se consideró al lujo, o cierto refinamiento en los placeres y comodidades de la vida, como la fuente de toda corrupción en el gobierno y la causa principal del surgimiento de facciones, sediciones, guerras civiles y la pérdida total de la libertad. Por esta razón, se lo juzgó universalmente como un vicio y se convirtió en un tema de declamación para todos los autores satíricos y los moralistas severos. Aquellos que prueban, o que intentan probar, que tales refinamientos tienden más bien al incremento de la laboriosidad, de la civilización y de las artes, regulan de nuevo tanto nuestros sentimientos *morales* como políticos, y representan como laudable o inocente lo que anteriormente se había considerado como pernicioso y censurable. (IPM, II, p. 45)

Otro ejemplo parecido es el del heroísmo y la gloria militar. Podemos sentirnos extraordinariamente impresionados por los comportamientos bélicos. ¿A quién no le gustan las películas de guerra o de acción? Sin embargo, una reflexión serena sobre la experiencia histórica de las consecuencias de las guerras y los enfrentamientos puede llevarnos a tomar conciencia de los numerosos males que provocan. Cuando ante nuestros ojos (en sentido real o figurado) se desarrollan la devastación de una provincia o el saqueo de una ciudad, escribe Hume, podemos sentirnos más inclinados a odiar que a admirar la ambición de los héroes.

Por tanto, un sentimiento puede ser controlado y transformado por otro; y es la razón la que puede muy bien habernos proporcionado la ocasión de experimentar el segundo. La reflexión permite percibir las consecuencias nefastas de una acción o de una tendencia que hasta ese momento valorábamos positivamente. Así, podemos acabar pensando que mucho mejor que dar limosna a una persona es ofrecerle un trabajo y enseñarle a valerse por sí misma (el conocido proverbio de que no hay que darle un pescado, sino enseñarle a pescar). Asimismo, deberíamos ser muy conscientes de que acabar físicamente con un tirano no suele solucionar los problemas de los países. En cuanto a los gastos fastuosos de los príncipes, no deberían impresionarnos, sino que hay que pensar más bien si ese dinero no podría haberse empleado en algo más útil para el conjunto de la población.

Un caso especialmente importante en el que la razón interviene es el de las virtudes religiosas. ¿Qué pensar del celibato, del ayuno, de la mortificación, de la penitencia, de una vida basada en la soledad y el silencio de un monasterio o una ermita, etcétera? En suma, ¿cuál es la situación de las virtudes religiosas dentro de esta teoría? Se trata de conductas que, como escribe Hume:

> [...] ni aumentan la fortuna de un hombre en el mundo [es decir, no son útiles para uno mismo], ni le convierten en un miembro más valioso de la sociedad [es decir, tampoco son útiles para los demás]; ni le cualifican para el solaz de la compañía [no son, pues, inmediatamente agradables a los demás], ni aumentan su poder de disfrutar consigo mismo [tampoco resultan ser inmediatamente agradables para uno mismo]. (IPM, IX, p. 142. Lo que está entre corchetes es un añadido aclaratorio nuestro).

Tenemos, pues, que las prácticas que nos recomienda el cristianismo no pueden ser aprobadas moralmente. Su carácter inútil y desagradable las convierte, por el contrario, en verdaderos vicios. Por supuesto, el creyente podría defender su utilidad extrema argumentando que gracias a ellas se gana el cielo, pero ya hemos visto que Hume piensa que no hay ningún fundamento racional para creer en la existencia de una divinidad que vaya a recompensarnos, y que todo parece indicar que solo tenemos esta vida. Así pues, desde esta perspectiva secular, las virtudes religiosas no son sino obstáculos para la felicidad de los hombres. En lugar de ello, deberíamos afirmarnos en lo único que puede hacernos felices: nuestras disposiciones naturales. A este respecto, Hume se muestra muy orgulloso de su conclusión:

> ¿Qué verdades filosóficas pueden resultar más ventajosas para la sociedad que las aquí expuestas, que re-

> presentan a la virtud con todos sus auténticos y más atractivos encantos, y nos hacen aproximarnos a ella con facilidad, familiaridad y afecto? Cae el lúgubre vestido con el que la habían recubierto muchos teólogos y algunos filósofos; y no aparece nada sino la gentileza, la humanidad, la beneficencia y la afabilidad; es más, en momentos adecuados aparecen el juego, la travesura y la alegría. (IPM, IX, p. 152).

Es más, esta contraposición entre las virtudes religiosas y las que nos marca nuestra naturaleza no es accidental. Obedece a una lógica interna. Hacer algo inútil y desagradable desde el punto de vista mundano o secular es la única forma que tiene el hombre religioso de probar la fuerza de su fe ante Dios y ante sí mismo, diferenciándose así de los no creyentes. Al fin y al cabo, buscar lo útil y lo agradable depende de nuestra naturaleza, no de creer en la existencia de una divinidad. Por eso no puede haber nada de valor específicamente religioso en ello.

El que una persona sea un buen padre o un buen amigo, restituya los préstamos que se le han hecho, dé muestras de integridad y espíritu cívico, o se comporte de cualquier otra forma virtuosa, no es algo que pueda recomendarlo lo más mínimo ante la divinidad, pues no son acciones que dependan de la creencia en esta. Por el contrario, si alguien decide mantenerse célibe, ¿qué motivo podría tener para este comportamiento? Puesto que está realizando algo que violenta sus inclinaciones naturales y que carece de toda finalidad mundana, la única consideración que puede impulsarle a esa práctica es la de que con ella está probando más allá de toda duda la devoción que tiene por el ser divino. El creyente supone que este no dejará de recompensarle por hacer algo que si no tuviera fe sería claramente absurdo.

Pero todavía hay algo más. Así como la religión produce su propio tipo de mérito, condena también como abominables para Dios acciones que de otro modo resultarían completamente legítimas. Este es precisamente el caso que Hume estudia en su ensayo «Del suicidio», y que abarca también la problemática de lo que hoy llamamos eutanasia. No parece que haya que insistir mucho en la condena de la que ha sido objeto el suicidio por parte del cristianismo. Pero ¿cómo habría que valorarlo desde el punto de vista de la teoría moral que Hume defiende? Resulta evidente que atendiendo únicamente a la felicidad de los individuos y a los intereses del conjunto de la sociedad.

En este sentido, cuando el dolor y la desgracia se abaten sobre una persona o la amenazan hasta tal punto que llega a sentir odio por la propia vida; cuando la edad o la enfermedad convierten la propia existencia en una pesada carga peor que la aniquilación, ¿puede alguien dudar de que el suicidio está de acuerdo con el interés propio?, ¿cómo, si no, podría vencerse ese horror a la muerte que toda persona siente? Admitiendo, por tanto, que el suicidio puede responder al interés del individuo que lo comete, queda todavía por preguntarse si está de acuerdo con los intereses de la sociedad. Que en determinados casos la respuesta puede ser positiva es fácil de ver. A este respecto, Hume nos propone el siguiente ejemplo: imaginémonos que se detiene a una persona que participaba en una conspiración política favorable al interés público y que este individuo sabe que al verse sometido a tortura acabará confesando lo que sabe. En estas circunstancias, ¿puede dudarse de que al suicidarse estaría obrando de acuerdo con el interés público? ¿No sería por ello muy elogiado?

A todas las críticas a la religión que hemos visto se añade el hecho de que, una vez que el creyente considera que ha obtenido el favor divino mediante sus austeridades, sus devociones y su piedad, ¿no se sentirá autorizado a quebrantar todas las normas morales en sus relaciones con los demás hombres? De acuerdo con esto, Filón, el escéptico de *Diálogos sobre la religión natural*, podrá afirmar:

> Cuando los intereses de la religión están en juego, ninguna moralidad puede tener fuerza suficiente como para controlar al fanático entusiasta. El carácter sagrado de la causa santifica cualquier medida que pueda utilizarse para promoverla. (*Dialogues*, XII, p. 255)

Es así como se explicarían las persecuciones, las guerras, las torturas y los asesinatos que siempre han acompañado al dominio de la religión sobre las mentes de los hombres. Al ocuparse en su *Historia de Inglaterra* de la rebelión irlandesa de 1641 contra los ingleses, Hume destaca las crueldades, los asesinatos y las torturas cometidas por los enfurecidos irlandeses en el Ulster, y añade lo siguiente:

> En medio de estas barbaridades resonaba por todas partes el sagrado nombre de la religión; no para detener las manos de los asesinos, sino para conferir fuerza a sus golpes y endurecer sus corazones contra todo movimiento de una simpatía social o humana.[21]

Que el creyente cristiano será propenso a recurrir a estas conductas lo demuestra otra característica de su religión: el hecho de que supuestamente estamos ante una divinidad que emplea castigos infinitos —es decir, en cierto sentido tan desproporcionados como injustificables— y que, por tanto, parece autorizar a sus devotos para que se comporten de la misma manera. ¿Acaso no le choca a nuestro sentido moral el que se hable de un castigo eterno para las ofensas siempre limitadas de una criatura tan frágil como es el hombre? Por otra parte, ¿no es cierto que todos pensamos que los castigos tienen que servir para algo? Pero ¿qué finalidad puede cumplir ese castigo cuando, como se expresa Hume, «toda la escena ha concluido»?

Hay, por tanto, una enorme contradicción entre nuestra idea de lo que debe ser la justicia y el comportamiento de ese Ser al que se nos presenta como modelo

[21] David Hume: *The History of England from the Invasion of Julius Caesar to the Revolution of 1688*. VI vols., Liberty*Classics*, Indianápolis, 1983, vol. V, capítulo LX, p. 343. Citaremos esta edición como *History*, seguida de unos números romanos que indicarán el volumen y el capítulo, y a continuación la página.

y objeto de adoración. Ello provoca necesariamente que los sentimientos morales naturales del cristiano le lleven a desaprobar la conducta del dios al que ha de considerar al mismo tiempo infinitamente perfecto. No obstante, si por una parte detesta secretamente lo que considera una venganza implacable (¿de qué otra forma pueden considerarse las penas del infierno?), por otra ha de intentar acallar ese sentimiento que por fuerza le acarreará un castigo que siempre le parece muy probable. Ha de luchar, por tanto, contra su propia naturaleza. El resultado de esta pugna interior no podrá ser sino ese desequilibrio y esa tristeza que tanto caracterizan a muchos creyentes. No es, pues, extraño que las consecuencias políticas de este desequilibrio sean nefastas.

Ello nos lleva a la pregunta de cómo enfrentarse a desastres o males sociales como ese que Hume nos ha contado al referirse a Irlanda. ¿Cabría recurrir a la argumentación racional, pensar en unos gobernantes sabiamente escépticos que decidieran ilustrar o educar racionalmente al pueblo para que este, convencido del carácter absurdo de su religión, la abandonara? Hume pensaba que el intento no serviría de nada.

Al escribir sobre la Reforma protestante, destacará que la razón no desempeñó un papel importante en abrir los ojos de los hombres con respecto a las imposturas de la Iglesia romana; y aprovechará la ocasión para observar que la historia no nos proporciona ningún ejemplo en el que la argumentación haya sido capaz de liberar al pueblo de esa enorme carga de absurdos con que la superstición lo agobia en todas partes. Hay que recurrir, por tanto, a procedimientos indirectos: una política de tolerancia y el control de la Iglesia por el poder secular.

Para Hume, la tolerancia es una cuestión de principios, pero además resulta que está justificada porque es útil para un fin que considera deseable. A través de ella se consigue, sin tener que esforzarse en ello, que las creencias religiosas ocupen un lugar secundario en la vida de las personas. Si no iban a desaparecer, al menos en centenares de años, la pregunta interesante desde el punto de vista político era cómo alcanzar el predominio de una cierta indiferencia, de lo que con propiedad podemos llamar una «postura secular» en el ámbito de la vida práctica, aunque no desaparezca un manto religioso en las palabras de las personas. Digamos que, en determinadas circunstancias favorables, los impulsos de la naturaleza humana que nos orientan hacia la búsqueda de lo útil y lo inmediatamente agradable podían triunfar, sobreponiéndose a nuestra tendencia a creer en divinidades protectoras o a temer a dioses que pueden castigarnos. Lo que necesitamos, por tanto, es crear semejantes circunstancias. Pues bien, cuando los hombres se acostumbran a los debates religiosos y a la presencia de diversas sectas que se critican entre sí, es muy probable que acabe predominando en ellos una cierta indiferencia, que se cansen de la preocupación por unos temas sobre los que la experiencia nada dice. Por el contrario, cuando a los creyentes se los persigue por sus ideas, su orgullo y su deseo de autoafirmación provocan un incremento de la fuerza e importancia de estas:

> La melancolía con la que el miedo a la muerte, a la tortura y a la persecución inspira a los sectarios es la disposición adecuada para favorecer el celo religioso. La perspectiva de recompensas eternas, cuando se ve tan cerca, vence al miedo a los castigos de este mundo. La gloria del martirio estimula a todos los fanáticos más furiosos, especialmente a los líderes y a los predicadores [...]Pero si abrimos la puerta a la tolerancia, el odio mutuo disminuye entre los sectarios; su apego a su modalidad particular de religión decae, las ocupaciones y los placeres normales de la vida vencen a la acrimonia de las disputas, y la misma persona que en otras circunstancias hubiera desafiado a las llamas y a la tortura se ve inducida a cambiar de secta por la perspectiva más pequeña de obtener algún favor o lograr algún progreso social, o incluso por la esperanza frívola de estar más a la moda en sus principios. (*History*, III, XXXVII, p. 433)

Podríamos decir que lo que hay que hacer con el fanático es dejarle solo y esperar a que se aburra y empiece a preocuparse de otra cosa, de los asuntos y placeres de esta vida.

En segundo lugar, es necesario que el Estado controle a la Iglesia. Quizá esto suene algo cínico a los oídos de hoy en día, porque lo que Hume dice es que, en realidad, el acuerdo más ventajoso y decente al que puede llegarse con los guías espirituales es comprar su indolencia asignando un salario fijo a su profesión y convirtiendo así en algo «superfluo para ellos el estar más activos de lo meramente necesario para evitar que su rebaño se extravíe en busca de nuevos pastos» (*History,* III, XXIX, p. 136). Pero aquí habría que observar que Hume, como historiador, tenía ante sí la experiencia de la reforma inglesa, en la que Enrique VIII había sido designado «la única cabeza suprema sobre la Tierra de la Iglesia de Inglaterra». Y en el caso de la Iglesia de Escocia, y gracias a una ley de 1712, los patrones laicos elegían a los ministros de las parroquias de sus propiedades. La justificación de este proceder era que, al ser los patrones hombres de una posición y educación superiores, también eran mucho mejores jueces en lo concerniente a las cualidades que debía poseer un ministro religioso que la muchedumbre inculta que a buen seguro constituiría la mayor parte de su congregación. Puede que esto nos suene a despotismo, pero Hume hubiera replicado que era despotismo ilustrado.

Pero, si nos olvidamos por un momento de la religión y volvemos al problema que estábamos tratando de explicar (la diversidad de juicios morales), hay todavía un último recurso para dar cuenta de ella. La educación, al dar un sesgo temprano a la mente, puede producir una propensión hacia un tipo de cualidades en vez de hacia otras. No es que la educación lo justifique todo, porque en ese caso caeríamos inevitablemente en el relativismo. En lo que está pensando Hume es en que la existencia de cuatro fuentes del sentimiento moral (lo agradable a uno mismo, lo agradable a los demás, lo útil a uno mismo y lo útil para los demás, como ya hemos visto) permite combinaciones muy diferentes.

De hecho, todas las virtudes que hemos tenido la ocasión de mencionar pueden ser muy difíciles de unificar en un solo carácter, pues tal vez no resulten muy compatibles entre sí: debemos sacrificar algo de lo útil si estamos muy deseosos de obtener todas las cualidades agradables; y no podemos esperar alcanzar por igual todas las clases de ventajas. Al fin y al cabo, todos sabemos por experiencia que un buen compañero de trabajo y un amigo con el que pasar una tarde divertida pueden tener dos caracteres muy distintos. Igual que conocemos personas que viven más centradas en los placeres del momento y otras que piensan más en el futuro.

En la *Investigación sobre los principios de la moral* (IX, pp. 141-142) Hume presenta el retrato del carácter de un individuo que es «un modelo de virtud perfecta». Se trata de una persona que posee justicia, amabilidad, aplicación al estudio, humanidad, conocimiento, buenos modales, ingenio, buen humor, serenidad y tranquilidad de espíritu, etcétera. En suma, posee toda la gama de virtudes que Hume ha analizado, tanto las útiles como las inmediatamente agradables. Pero esto se presenta como un hecho que despierta la sorpresa de quienes dialogan (lo que no deja de ser significativo) y se aclara que es un modelo que sobrepasa a los de Gracián o Castiglione. Luego lo más probable es que, desde una perspectiva realista, tengamos que admitir que la elección de una virtud nos está cerrando el camino a otras. En todo caso, esto tiene la ventaja de que significa reconocer que estilos de vida diferentes y contrapuestos podrían ser igualmente morales.

La búsqueda de la universalidad moral no tendría que llevar a la uniformidad de ideales de vida. La naturaleza humana tiene dimensiones suficientes como para que pueda desarrollarse por caminos muy distintos. Aunque solo sea por este reconocimiento, que nos vuelve más tolerantes y respetuosos para con los demás, merece la pena que sigamos reflexionando sobre la teoría moral que Hume nos propone.

La respuesta de Hume al bribón inteligente

Hume piensa que su teoría moral promueve los intereses del conjunto de la sociedad, pues nos habla de que tenemos una filantropía natural, ¿pero puede decirse lo mismo en cuanto a los intereses individuales de cada persona? La cuestión para Hume es central, porque se pregunta: «¿qué teoría de la moral puede servir a algún propósito útil, si no puede mostrar mediante algún detalle concreto que todos los deberes que recomienda constituyen también el verdadero interés de cada individuo?» (IPM, IX, p. 153). Desde luego, esta situación sería ideal. ¿No soy acaso yo el primer interesado, por ejemplo, en ser inteligente o en poseer un espíritu alegre?

Por lo que se refiere a las virtudes que son inmediatamente agradables a los demás (como las buenas maneras, el ingenio o la gentileza), para Hume es evidente que también son más deseables que las cualidades contrarias desde el punto de vista del interés personal. La vanidad y el deseo de despertar la admiración de los demás bastan para explicar esto. Diríamos que ningún hombre es deficiente en cuanto a estas virtudes de forma voluntaria: nadie es mal educado a propósito; a no ser, podríamos pensar, que quiera utilizar conscientemente su falta de educación para otro propósito, como manifestar su desprecio.

Queda entonces el caso de las virtudes útiles a los demás. ¿Puede probarse realmente que también corresponden a mis intereses virtudes como la beneficencia y la generosidad? La verdad es que este reconocimiento no tiene mucho mérito intelectual, porque a todos se nos ocurren ejemplos en los que la coincidencia entre el interés público y el privado no se da, desde los más banales a otros más importantes: ceder mi asiento en el autobús a una persona mayor puede ser una acción moral, pero al mismo tiempo claramente desagradable para mi si el trayecto es largo y estoy muy cansado. De forma realista, no podemos pensar que aquí la conciencia no tenga muy presente la contraposición entre mi propio interés y mi convicción de cómo debo actuar.

Pero Hume intenta convencernos de que las cosas pueden ser bastante más complejas. Para ello presenta un primer argumento que tiene que ver con la idea de que detrás de toda acción hay una propensión original: la búsqueda de la satisfacción de algún afecto. El avaro que presta su dinero con interés satisface su avaricia, quien dedica su dinero a ayudar a los demás satisface su sentido de benevolencia o de humanidad. Diríamos que tan motivado por su interés propio está el uno como el otro. Podríamos entonces hacernos la siguiente pregunta, ¿por qué no iba a pasar con la benevolencia lo que ocurre con el deseo de venganza? ¿No es una experiencia conocida que la satisfacción de este deseo se convierte en nuestro propio bien, y este llega a predominar hasta tal punto que se opone a consideraciones de utilidad propia o a otros de nuestros intereses que a primera vista parecerían más importantes?[22] La conclusión en lo que a nuestro argumento respecta es bien conocida: quien ayuda a los demás lo hace para sentirse bien, con lo que el interés privado y el público coinciden.

Aquí interviene un segundo argumento, que Hume presenta en forma de experimento mental: si tuviéramos pleno poder para modelar nuestras propias disposiciones, ¿qué apetito o deseo escogeríamos como fundamento de nuestra felicidad o disfrute? ¿Cómo querríamos ser, si se nos diera la posibilidad de elegir? Para Hume no hay duda: en el caso del sentido de humanidad, a un sentimiento agradable (que el avaro también tendrá cuando vea aumentar su fortuna) se unen una conciencia grata en nuestro interior y una buena reputación ante los demás. Esto lleva a que desde un punto de vista estrictamente personal (egoísta, podríamos decir) la situación de la persona generosa sea claramente preferible. No es que el avaro no desee ser generoso, simplemente es que

[22] En este contexto Hume cita las palabras de Séneca sobre la cólera: «con tal de dañar al otro, descuidada de sí». Véase Séneca: *De la cólera*. Introducción, traducción y notas de Enrique Otón Sobrino. Alianza Ed., Madrid, 1986, p. 33.

(por desgracia para él mismo) no se siente tal: en suma, tiene una deficiencia y sabe que la tiene. Le falta un grado normal o apreciable del sentimiento de humanidad y también es consciente de que despierta el resentimiento de los demás (lo que se supone que le resulta desagradable). Además, le faltará, siempre según Hume, la conciencia agradable de haber cumplido con su obligación. En suma, incluso desde un punto de vista estrictamente egoísta es mucho más satisfactorio ser una persona humanitaria y generosa que un avaro.

Pero aun teniendo en cuenta estos argumentos, que para Hume son muy concluyentes, nuestro autor considera una posible excepción, que es el caso del bribón inteligente:

> Tratando al vicio con el mayor candor y haciéndole todas las concesiones posibles, tenemos que reconocer que no hay en ningún caso el pretexto más mínimo para, desde la perspectiva del interés propio, concederle preferencia sobre la virtud; excepto, quizá, en el caso de la justicia, donde, considerando las cosas desde un cierto punto de vista, a menudo puede parecer que un hombre sale perdiendo por su integridad. Y aunque se admita que sin el respeto por la propiedad ninguna sociedad podría subsistir, sin embargo, de acuerdo con la forma imperfecta en que se dirigen los asuntos humanos, un bribón inteligente puede pensar en casos particulares que un acto de iniquidad e infidelidad puede proporcionar una adición conside-

> rable a su fortuna sin causar una brecha considerable en la confederación o unión social. Que la honestidad constituye la mejor política puede ser una regla general, pero es susceptible de muchas excepciones. Y quizá pueda pensarse que se conduce con más sabiduría quien observa la regla general y se aprovecha de todas las excepciones.» (IPM, IX, pp. 155-156).

Estamos ante el famoso problema sociopolítico del «*free-rider*» (podríamos traducirlo por «el gorrón»), que se refiere a una persona que se aprovecha de las aportaciones de los demás al bien común sin contribuir en nada. Es el caso de quien quiere que los demás paguen impuestos para mantener carreteras por las que circula, pero al mismo tiempo no paga lo que le corresponde. Este tipo de bribón, precisamente porque es inteligente, sabe que sin el respeto a ciertas normas básicas (por ejemplo, el cumplimiento de los contratos y las promesas) ninguna sociedad podría subsistir. Pero decide romper ese acuerdo siempre que le convenga y esté seguro de que no va a ser descubierto. Ha hecho un cálculo y sabe que su excepción no va a debilitar (al menos en mucho) esa norma de la que todos se aprovechan, incluyéndole a él. Por eso, decide quebrantarla en función de una expectativa racional que le habla de lo que va obtener de ganancia y de las pocas probabilidades o de la imposibilidad de que sea descubierto.

Hume parte del reconocimiento de que «si un hombre piensa que este razonamiento está muy requerido de una respuesta, será un poco difícil encontrar alguna que le resulte satisfactoria y convincente.» (IPM, IX, p. 156). Admite, por tanto, que si no se rebela contra la bajeza que supone tal actuación no tiene (o ha perdido) un motivo considerable de actuación a favor de la virtud. Pero tenemos que atender a que su problema no es entonces que razone mal, es que previamente es un bribón. Su razonamiento actúa sobre una naturaleza no desarrollada moralmente. Por eso la respuesta tiene que ser doble: primero para convencerle de que no le conviene *ser* un bribón. Y aquí el razonamiento será de tipo moral, de lo que podríamos llamar psicología moral. Y si fracasamos en convencerle a este respecto, y continúa siendo un bribón, tendremos que presentarle ahora un argumento, en este caso político, que le convenza de que, aunque sea un bribón, no le conviene en absoluto *actuar* como tal.

Del primer argumento, el que tiene que ver con la psicología moral, un estudioso de la teoría ética de Hume llamado James Baille ha afirmado que no es sino una versión secular de la admonición de la Biblia. En la versión de Hume, a cambio de ventajas normalmente económicas, el bribón renuncia a la paz interior de espíritu, la conciencia de su integridad y la capacidad de realizar un examen satisfactorio de la conducta propia, elementos que según Hume son necesarios para la felicidad. Pero para que este argumento resulte convincente no solo hay que insistir en la importancia de un elemento de la balanza (el valor de nuestra autoimagen), también hay que cuestionar al mismo tiempo el peso de la otra opción. A este respecto Hume escribe de una manera algo sorprendente: «¿Qué pocas cosas son necesarias para satisfacer las necesidades de la naturaleza? Y, en lo que respecta al placer, ¿qué comparación entre la satisfacción no comprada de la conversación, las relaciones sociales, el estudio, incluso de la salud y de la belleza usuales de la naturaleza; pero sobre todo la reflexión tranquila de la propia conducta; qué comparación digo, entre estas satisfacciones y las diversiones vacías y febriles del lujo y el gasto?» (IPM, IX, p. 157).

Tenga o no razón Hume en este cálculo que podemos denominar epicúreo sobre los placeres más importantes en la vida, lo cierto es que presenta dos problemas: el primero es que es difícil que convenza al bribón, justamente porque es un bribón. Podríamos decir que es un argumento que llega tarde. El bribón no se ha desarrollado moralmente en la dirección correcta, no posee seguramente las capacidades de disfrute placentero que Hume menciona. Por supuesto, en algunos casos puede que el cambio se opere, que el argumento le haga reflexionar sobre sus prioridades en la vida y que, a partir de ahí, se produzca alguna mejora; pero creo que Hume piensa que esto es difícil, justamente porque sabe que está proponiendo un ideal moral muy elevado, algo que puede apreciarse muy bien en uno de sus ensayos, titulado «De la delicadeza del gusto y la pasión»:

> Los filósofos han intentado conseguir que la felicidad sea totalmente independiente de toda cosa externa. Este grado de perfección es imposible de *obtener*. Pero toda persona prudente intentará colocar su felicidad

> en objetos tales que dependan principalmente de ella, y *eso* es algo que no se *consigue* tanto por cualesquiera otros medios como gracias a su delicadeza de sentimiento. Cuando una persona posee ese talento, es más feliz por lo que complace a su gusto que por lo que satisface a sus apetitos, y disfruta más de un poema o un razonamiento que de aquello que el lujo más costoso puede proporcionarle. (*Essays*, ed. cit, p. 5)

Hume sabe perfectamente que es un ideal moral con el que no puede contar la política y, por tanto, que no impresionará al bribón. Por el contrario, la política como ciencia ha de tomar en consideración la conducta real de los individuos, lo que significa reconocer el egoísmo y el deseo de bienes externos de la inmensa mayoría de las personas. Por tanto, Hume no ha de dirigirse solo a un individuo que constituye una excepción, que es lo que hasta ahora pensábamos que era el bribón inteligente. La mayoría de nosotros somos o podemos ser bribones en tanto que nos mueve la avaricia y la ambición, y no la búsqueda de la delicadeza del gusto.

Este es nuestro segundo problema, confiar en que la mayoría de las personas se convenzan de la importancia de la contemplación filosófica y se desarrollen moralmente en esta dirección es una ilusión. Entonces, lo que necesitamos verdaderamente es una respuesta política al bribón, actuar no sobre su bellaquería, sino sobre su inteligencia. Ya que no cambiamos su ser (aunque esto sería lo ideal, y siempre podemos pensar que él o ella «se lo pierde»), hemos de cambiar su actuación. En suma, hacer que su inteligencia le diga que tiene que respetar las leyes y cooperar con los demás.

Se trata de hacer que en el cálculo del bribón (pues estamos presuponiendo que es un cálculo inteligente) entren en consideración dos hechos que por supuesto tienen que darse: la probabilidad alta de ser descubierto en su falta de cooperación y la severidad del castigo que se le impondrá por quebrantar las leyes. Se trata en suma de hacer que su egoísmo le indique que tiene que respetar esas leyes, que tiene que actuar como si no fuera un bribón. ¿Cómo se realiza este cambio? Esto lo consigue muchas veces la opinión pública y es, desde luego, la función de un gobierno bien constituido: hacer que mi interés inmediato sea obedecer las leyes porque sé que si no lo hago seré castigado. Para ello el gobierno crea un grupo de oficiales (magistrados, legisladores, alguaciles) cuyo interés inmediato —les pagan por ello— es mantener la justicia, concretarla en leyes positivas que la hagan más operativa, y aplicar esas leyes con rigor.

Hume destaca con aprobación que el hombre moral tiene la frecuente satisfacción de ver cómo los bribones, a pesar de toda su astucia, son finalmente descubiertos, perdiendo consiguientemente su reputación y la confianza que pudieran inspirar en los demás. Por supuesto, a medio plazo ya no solo es que deje de comportarse como un bribón por el miedo al castigo, también que a través de la práctica repetida se creará en él el hábito o costumbre de respetar las leyes.

Como observó hace tiempo un autor que ya hemos mencionado, Bernard Williams, es falso que muchos agentes morales fueran a quebrantar todas las reglas, aunque pudieran hacerlo (es la idea que subyace a la historia de la invisibilidad que confiere el anillo de Giges, en *La República* de Platón). La razón es que «las reglas y conceptos morales más básicos quedan fuertemente internalizados en el proceso de socialización, y a partir de un determinado nivel de ese proceso no se evaporan sin más porque desaparezca la policía o la censura del prójimo.»[23]

En conclusión, es muy importante que las leyes sean vistas como legítimas por la mayoría, que sean aplicadas con rigor, que se genere el hábito de respetarlas, y que al mismo tiempo no dejemos de reflexionar, aunque esto solo vaya a servir a unos pocos, en que la felicidad se obtiene no con miras estrechas de un supuesto interés personal centrado en el consumo y el lujo, sino con el cultivo de nuestro interior. Es como si Hume nos estuviera proponiendo un ideal moral que recuerda mucho a la filosofía helenística, pero que al mismo tiempo —convencido de que aquel no iba a tener éxito ni siempre ni con todo el mundo (y, desde luego, podríamos añadir nosotros, no en el mundo burgués que estaba desarrollándose)— tuviera puestas sus esperanzas en el auxilio de la política.

Por eso, hemos de entrar ahora en su análisis de la organización social...

[23] Bernard Williams: *op. cit.*, p. 21.

La visión del mundo político

Si bien a través del estudio de la moral Hume nos ha presentado un estilo de vida construido sobre nuestra naturaleza y, por tanto, muy deseable (el basado en el sentimiento de humanidad y en la búsqueda de lo útil y lo placentero para nosotros mismos y para los demás), cabe reflexionar sobre el tipo de sociedad en la que esta vida encontraría menos impedimentos y podría resultar alcanzable para cuantas más personas mejor, al tiempo que se desincentiva la figura del bribón inteligente.

¿Qué es una sociedad?

El análisis de Hume viene determinado por su concepción del individuo y por dos circunstancias que se encuentran en los objetos externos (naturales o artificiales). Por una parte, como punto de partida están el egoísmo y la generosidad limitada de todos los hombres; el hecho evidente de que, en multitud de ocasiones, no actúan moralmente. En su comportamiento las personas prueban bien a las claras que se aman más a sí mismas que a otros, y de que en su amor por los demás reservan el mayor afecto para sus parientes y conocidos. En resumidas cuentas, que lo razonable es asumir el predominio del interés privado como motivo de actuación de las personas. Aun así, y como también hemos visto, hay que aclarar de inmediato que esto no significa que seamos egoístas sin más. Hume se pregunta cómo podría ser egoísta una madre cariñosa que pierde la salud por los cuidados asiduos que prodiga a su hijo enfermo y que después muere de pena cuando este fallece a pesar de su dedicación. Pero es evidente que el conjunto de los seres humanos con los que nos vamos a relacionar a lo largo de nuestra vida no son nuestros hijos, sino desconocidos; así que no deberíamos esperar que en la relación con ellos vayan a funcionar las pasiones propias del ámbito familiar.

Por otra parte, y como características de los bienes externos, están su escasez y la circunstancia de que pueden ser transferidos sin sufrir merma o alteración. No hay, en efecto, una cantidad suficiente de bienes materiales para satisfacer los deseos y necesidades de todos, y esto provoca que, dado que los que uno posee pueden resultar útiles o placenteros para los demás, cada individuo corre el riesgo de ser privado mediante procedimientos violentos de aquellos objetos que haya adquirido gracias al esfuerzo o a la suerte.

La concurrencia de esas cualidades de la mente humana, el egoísmo y la generosidad limitada (también podríamos hablar de parcialidad), con estas características de los bienes externos genera el impedimento principal para la constitución y el mantenimiento de la sociedad. En virtud de la avidez —que Hume caracteriza como insaciable, perpetua y universal— de adquirir bienes para nosotros, nuestros familiares y amigos, surgirán conflictos y enfrentamientos continuos entre los hombres en relación con el reparto o la posesión de tales bienes. El libre curso de esa apetencia de los hombres parece incapacitarlos, por consiguiente, para la vida social.

Sin embargo, la sociedad resulta necesaria para la satisfacción de las pasiones humanas, pues en los hombres, considerados como meros individuos aislados, existe una enorme desproporción entre el gran número de sus necesidades y deseos y el carácter limitado de los dones naturales de que disponen para satisfacerlos. Recordemos que uno de los reproches de Hume contra el argumento del designio era que una divinidad que se preocupara de nosotros podría habernos dotado de mayores capacidades y de una mayor propensión al trabajo. Es justamente la sociedad la que está llamada a remediar esta situación. Gracias a ella obtenemos tres grandes ventajas:

- Incrementa nuestro *poder* al permitir la unión de la fuerza de diferentes individuos en la realización de un mismo proyecto.
- Aumenta nuestra *habilidad* en la medida en que, mediante la división del trabajo, posibilita la especialización de cada persona en una tarea determinada.

- Por último, en función de la ayuda mutua que dentro de la sociedad pueden prestarse los hombres, nos ofrece *seguridad* contra los avatares de la fortuna y los accidentes de la vida.

No cabe duda de que Hume tiene razón en cuanto a las ventajas de la vida social. Solo la cooperación con nuestros semejantes nos permite construir puentes y barcos, drenar pantanos, etcétera. Y es solo porque vivo en sociedad que puedo tener expectativas de intercambiar los productos de mi trabajo por los que crean otras personas, lo que me permite especializarme en una tarea y aumentar extraordinariamente mi habilidad en ella. Como los demás también incrementan su habilidad en lo que hacen, el resultado conjunto es el crecimiento de la productividad general, algo de lo que todos salimos beneficiados. Y si al final voy a poder confiar en la ayuda de los demás, será porque esa vida de cooperación e intercambio los ha acostumbrado al trato conmigo.

En vista de estas ventajas, la situación del hombre no deja de ser paradójica. Si bien, por un lado, necesita de la sociedad para la satisfacción de sus deseos, no es menos cierto que el ímpetu natural de sus mismas pasiones (nuestra parcialidad y avidez) la vuelve imposible. En cuanto a la avidez:

> Apenas hay alguien en quien no actúe; y no hay nadie que no tenga razones para temerla cuando actúa sin restricción y da rienda suelta a sus movimientos pri-

> marios y más naturales. Así que, en resumen, debemos estimar que las dificultades para el establecimiento de la sociedad serán mayores o menores de acuerdo con las que encontremos para regular y restringir esta pasión. (*Treatise*, III, II, II, p. 492)

Afortunadamente, sostiene Hume, la naturaleza proporciona un remedio para esta situación de avidez naturalmente desbocada en el juicio y en el entendimiento. Cuando los hombres observan que la principal perturbación de la vida social surge de la facilidad con que los bienes externos pueden pasar de una persona a otra sin perder ninguna de sus cualidades, buscan un remedio para esta situación mediante la colocación de estos bienes, tanto como sea posible, al mismo nivel que las ventajas de la mente y del cuerpo. En circunstancias normales no tememos que nos desposean de nuestras ventajas mentales o corporales, porque no se trata de cualidades que nos puedan arrebatar fácilmente ni es probable que quien nos prive de su uso obtenga algún beneficio. Pues bien, este remedio solo puede lograrse mediante una convención en la que entren todos los miembros de la sociedad y que conceda estabilidad a la posesión de los bienes exteriores:

> Yo observo que estará de acuerdo con mi interés el que deje gozar a otra persona de la posesión de sus bienes con tal de que él actúe de la misma manera conmigo. Él es consciente de un interés similar en la regulación

Adam Smith

Hume mantuvo con Adam Smith (1723-1790) una estrechísima amistad. Smith fue catedrático en la Universidad de Glasgow, y sus dos obras más importantes, la *Teoría de los sentimientos morales* y *Una investigación sobre la naturaleza y causas de la riqueza de las naciones*, son verdaderos clásicos del pensamiento. En la segunda de ellas se opuso con firmeza a la creencia mercantilista de que, para que una nación se enriquezca, sus rivales tienen que empobrecerse:

> Se ha enseñado a las naciones que su interés consistía en arruinar a todos sus vecinos. Se ha hecho que cada nación mire con un ojo envidioso la prosperidad de todas las naciones con las que comercia, y que considere su ganancia como una pérdida propia. El comercio, que de forma natural debería ser, tanto entre las naciones como entre los individuos, un lazo de unión y amistad, se ha convertido en la fuente más fértil de discordia y animosidad [...] Cuando una nación piensa enriquecerse con el comercio exterior, es mucho más probable que lo consiga si sus naciones vecinas son todas comerciales, ricas, y laboriosas. Una gran nación, rodeada por todas partes de salvajes nómadas y de bárbaros pobres, podrá adquirir riquezas, sin duda, cultivando sus propias tierras y mediante el comercio interno, pero no con el comercio exterior. [...] (*An Inquiry into de Nature and Causes of the Wealth of Nations*. General Editors R. H. Campbell and A. S. Skinner. Textual Editor W. B. Todd. Liberty*Classics*,

Indianapolis, 1981, 2 Volumes. Vol. I, Libro IV, capítulo III, parte II, pp. 493 y 495).

Al escribir sobre Francia e Inglaterra, tuvo la ocasión de criticar los efectos perniciosos de las restricciones comerciales:

> [...] si estos dos países hubiesen considerado sus verdaderos intereses, sin celos comerciales ni animosidad nacional, el comercio con Francia podría haber sido más ventajoso para Gran Bretaña que el de cualquier otro país, y por la misma razón el de Gran Bretaña para Francia [...] Pero las mismas circunstancias que habrían hecho tan ventajoso un comercio libre y abierto para los dos países fueron las que motivaron las principales restricciones de ese comercio. Al ser naciones vecinas, se consideraban enemigas y, en consecuencia, la riqueza y el poder de la una se veían peligrosos para la otra. (*loc. cit.*)

En resumen, en el comercio todas las partes ganan, y eso que cada una solo mira por su interés propio. Como expone en su conocido ejemplo a muy pequeña escala, no es de la benevolencia del carnicero, del cervecero o del panadero que esperamos nuestra cena, sino de la consideración de estos por su propio interés. Y aquí es donde entra en juego una famosa metáfora: estos actores son conducidos por una mano invisible a promover un fin (el interés público) que no era parte de su intención original.

En esos puntos Adam Smith y David Hume tenían posturas muy similares, pero hay un problema que a este último al parecer se le escapó y sobre el que Smith tenía bastante que decir. Si bien es evidente que la especialización de los trabajadores en una función o tarea aumenta la producción, y que por tanto estos tienen un importante incentivo para esa especialización siempre que crean que van a poder intercambiar los productos de su trabajo, ¿no es cierto a la vez que esa especialización puede ser embrutecedora?

Los trabajadores pueden acabar desarrollando una tarea tan simple y uniforme que les proporcione pocas posibilidades, o ninguna en absoluto, de ejercitar su entendimiento. Y, al mismo tiempo, su trabajo puede ser tan constante y severo que no les deje apenas tiempo libre para pensar en otra cosa, y menos aún la inclinación a

de su conducta. Cuando este sentimiento común de interés es mutuamente expresado y es conocido por ambos produce una resolución y conducta correspondientes. Y a esto se lo puede llamar con bastante propiedad una convención o acuerdo entre nosotros, aunque sin la interposición de una promesa; puesto que las acciones de cada uno de nosotros tienen referencia a las del otro, y se realizan bajo la suposición de que la otra parte va a hacer algo. Dos hombres que manejan los remos de una barca lo hacen por un acuerdo o convención, aunque no se hayan hecho ninguna promesa. Ni la regla referente a la estabilidad de la posesión se deriva menos de las convenciones humanas porque surja gradualmente y adquiera fuerza por una progre-

hacerlo. El letargo de su mente los convertirá en seres incapaces no solo de disfrutar de una conversación racional o de participar en ella, sino también de formarse sentimientos generosos, nobles o tiernos. El trabajo ha destrozado a estas personas y las ha llevado a un extremo en que son incapaces de elaborar juicios adecuados sobre sus deberes en la vida privada o pública. ¿Qué solución hay para este peligro tan cierto y extendido como horrible? Adam Smith pensó en ampliar el alcance de la educación, mientras que otros pensadores propusieron modificar las condiciones laborales o incluso abolir la especialización.

> sión lenta y por nuestra repetida experiencia de los inconvenientes de transgredirla. (*Treatise*, III, II, II, p. 490)

Al abstenernos de las posesiones de los demás no actuamos, en realidad, en contra de nuestras pasiones, sino todo lo contrario, porque es gracias a esta convención que establecemos implícitamente que la vida social puede existir; y es gracias a la sociedad que alcanzamos nuestro bienestar. En este sentido, es evidente que la pasión o el deseo de ganancia se refrena o se controla a sí mismo para, a la larga, satisfacerse mejor. A uno se le ocurre pensar en la estrecha analogía de esto con lo que dice Sigmund Freud sobre cómo el principio de la realidad, que nos representa el mundo exterior, protege, más que destrona, el principio del placer. Este, al luchar ciegamente por la satisfacción inmediata, sin tener en cuenta el poder de las fuerzas exteriores, nos llevaría al desastre. Retardando o desviando la gratificación de nuestros impulsos, aprendiendo a valorar la seguridad, tomando conciencia de que el gozo y el juego requieren muchas veces como condición previa la fatiga y el trabajo, logramos por el contrario sobrevivir y prosperar.

Pero, volviendo a Hume, el establecimiento de esa regla relativa a la estabilidad de la posesión no sirve para nada mientras no se complemente con algún método que determine qué bienes particulares han de asignarse a cada persona (es decir, qué bienes constituyen su propiedad). En efecto, antes de respetar las propiedades de los otros hay que ponerse de acuerdo en cuáles son. ¿Qué criterios hay que seguir, entonces, para conferir títulos de propiedad?

Hume se ocupa brevemente de la propuesta de una distribución igualitaria de la propiedad. ¿Acaso no hay que admitir que siempre que nos apartamos de la igualdad le quitamos al pobre una satisfacción más grande que la que proporcionamos al rico? Sin embargo, aun admitiendo esto, Hume va a insistir en que la historia y el sentido común nos informan de que esta idea de una igualdad perfecta es extremadamente perniciosa para el conjunto de la sociedad. Argumentará que los diferentes grados de capacidad y aplicación de las personas acabarían destruyendo la igualdad establecida en un primer momento y que, si buscásemos a toda costa mantenerla, lo único que conseguiríamos sería la desaparición de todo incentivo para el trabajo y la laboriosidad, con lo que la sociedad quedaría reducida a la indigencia más extrema.

Otra posible forma de distribución de la propiedad sería atender al mérito y a la virtud de los individuos (a mayor virtud, mayor propiedad) o a su conveniencia (asignar cada objeto a la persona que más lo necesite o que pueda obtener de él un mayor beneficio). Pero Hume dirá que, debido a la oscuridad del tema y a la vanidad y a la parcialidad de los hombres, parece imposible llegar a un acuerdo sobre sus diferentes grados de necesidad o niveles de virtud. ¿Quién no se considera más virtuoso o necesitado que los demás? Una regla que tomara cualquiera de estas dos características como fundamento de la distribución de bienes ocasionaría todo tipo de disputas y enfrentamientos, y por consiguiente sería incompatible con la paz y la seguridad que requieren las sociedades.

Lo que necesitamos son reglas sobre cuyo contenido sea relativamente fácil ponerse de acuerdo. Y en esta coyuntura, Hume recurrirá al mecanismo de la asociación de ideas que ya hemos mencionado al estudiar su teoría del conocimiento. Aquí vuelven a demostrar su utilidad las leyes mentales de semejanza, contigüidad y causación.

Dos ejemplos aclaran muy bien el procedimiento que Hume va a emplear para justificar las reglas de asignación de la propiedad que mencionará. Supongamos que un alemán, un francés y un portugués entran en una habitación en la que sobre una mesa hay tres botellas, una de vino del Rin, otra de Borgoña y una tercera de Oporto.

Imaginemos, asimismo, que surge entre ellos una disputa sobre la botella de la que beberá cada uno, y que con vistas a encontrar una solución le piden a otra persona que actúe como árbitro. Pues bien, lo normal sería que esa persona concediera a cada uno la botella de su propio país. Cabe pensar que al adoptar este criterio estaría obrando de una manera tan imparcial como natural.

Otro ejemplo que Hume menciona solo de pasada, y que resulta especialmente ilustrativo, es el correspondiente a ordenar una serie de libros en una estantería. ¿No sería natural que colocásemos juntos los que son del mismo tema, o los que tienen el mismo tamaño o guardan ya cualquier otra relación? Nos encontramos aquí ante una propiedad de la mente humana: cuando esta tiene que unir ciertos objetos (o asignar distintos objetos a personas diferentes, como en el ejemplo de los vinos), pero se muestra indecisa en su elección de los objetos particulares que hay que unir, dirige su atención a los que ya guardan alguna relación entre sí. Al fin y al cabo, estos se encuentran ya unidos en la mente y se presentan simultáneamente para ser concebidos. Así, en el caso de los libros, lo que hacemos es añadir la relación de contigüidad (los colocamos juntos) a aquellos que ya estaban unidos por una relación de semejanza (los que, por ejemplo, eran del mismo tema).

Este procedimiento que utilizamos para ordenar libros en una estantería nos servirá para concretar la regla general sobre la estabilidad de la posesión. A la hora de conferir títulos de propiedad, nos apoyaremos en alguna relación que ya exista entre los objetos y los sujetos en cuestión. De acuerdo con esto, Hume propone las siguientes cinco reglas:

1. Posesión presente. Si varias personas se desvincularan de las sociedades a las que pertenecían y decidieran formar una nueva, inmediatamente se les ocurriría esta regla con vistas a determinar la propiedad de cada cual: «Que cada uno continúe disfrutando de lo que posee en ese momento y que la propiedad o posesión constante se una a la posesión de hecho». Ahora bien, dado que la utilidad de esta regla no perdura más allá de la formación de una sociedad, está claro que necesitamos complementarla con otras que confieran títulos de propiedad después del establecimiento de la sociedad. Este es el caso de las otras cuatro reglas.
2. Ocupación o posesión primera. Cuando un bien no pertenezca a nadie, pasará a ser propiedad de la persona que primero entre en relación de posesión con el mismo.
3. Prescripción o larga posesión. La posesión de un objeto durante un largo período de tiempo confiere un título de propiedad sobre el mismo.
4. Accesión. Adquirimos la propiedad de los objetos que están íntimamente conectados con los que ya son de nuestra propiedad. Por ejemplo, los frutos de nuestros árboles o las crías de nuestro ganado.
5. Sucesión o herencia. Se trata del derecho a heredar las propiedades de los parientes fallecidos.

Con vistas a estudiar el fundamento de estas reglas, lo primero que hay que hacer es aclarar qué entendemos por la posesión de un objeto:

> Se dice que estamos en posesión de una cosa no solo cuando la tocamos directamente, sino también cuando nos encontramos situados con respecto a ella de tal forma que está en nuestro poder utilizarla, y podemos moverla, alterarla o destruirla de acuerdo con nuestro placer o ventaja del momento. (*Treatise*, III, II, III, p. 506).

La posesión de un objeto puede reducirse, pues, a una relación de contigüidad (proximidad física entre poseedor y objeto poseído) y de causa-efecto (decimos que alguien posee un objeto cuando tiene el poder de causarle una alteración física). En este sentido, la relación de posesión es una relación natural. No puedo decir que poseo unas tierras que están en un lugar que nunca he visitado. Quien me ha arrebatado un objeto, para mi desgracia, lo posee. Es decir, lo tiene en sus manos. La propiedad de un objeto, por el contrario, es una relación convencional. Hume la define como «*una relación tal entre una persona y un objeto que le permite a ella, pero prohíbe a cualquier otra, el libre uso y posesión del mismo, sin violar las leyes de la justicia y de la equidad moral*» (*Treatise*, II, I, X, p. 310). Lo que nos interesa retener de esta definición es la idea de que toda propiedad implica una relación entre personas. No es una mera relación física entre una persona y una cosa, pues conlleva que los demás reconozcan que un determinado objeto es mío y que sean conscientes, por tanto, de que han de abstenerse de su uso y posesión.

Si nuestro problema era encontrar reglas de concesión de la propiedad, ¿hay algo más natural que unir o superponer la relación de propiedad a la de posesión? Esto es lo que ocurre cuando, en la formación de una sociedad, se utiliza la primera regla. Esta nos dice, en efecto, que los objetos que cada uno posea al constituirse la sociedad han de ser reconocidos como su propiedad, o, dicho de otra forma, que cada uno ha de evitar interferir en las relaciones de contigüidad y causalidad que los demás hayan establecido con determinados objetos. Esta regla no puede seguir utilizándose, sin embargo, una vez que se ha formado una sociedad. De lo contrario, cuando un ladrón adquiriera la posesión presente de un objeto, este se convertiría automáticamente en su propiedad, con lo que toda restitución quedaría excluida. Ya dentro de una sociedad establecida, Hume examina la regla de ocupación, que determina que la primera persona que entra en relaciones de contigüidad y causalidad con un objeto (que previamente no guardaba estas relaciones con ningún otro individuo o comunidad) se convierta en su propietaria. En esta regla se añade también la relación de propiedad a la de posesión. Y lo mismo ocurre con la prescripción. Cuando, como sucede a menudo, es imposible saber quién fue el primer poseedor de un objeto, se aplica la regla de que quien lo haya poseído durante un largo período de tiempo es su legítimo propietario.

La cuarta regla supone la existencia previa de una propiedad adquirida mediante la aplicación de las reglas anteriores y la aparición de un nuevo objeto que está en relaciones de contigüidad o de contigüidad y causalidad con esa propiedad (por ejemplo, el fruto de un árbol que me pertenezca). En virtud de estas relaciones, pasamos fácilmente del uno al otro sin hacer distinción alguna en nuestros juicios sobre ellos, y por esto consideramos de forma natural que el propietario del primero ha de convertirse también en el propietario del segundo. Aquí, un inciso. Hume menciona sin más comentario, junto con los frutos de nuestros jardines y las crías de nuestro ganado, el «trabajo de nuestros esclavos». No obstante, podríamos argumentar por nuestra cuenta que las leyes por las que se rige la asociación de ideas también pueden inducirnos a pensar que quien mantiene relaciones de contigüidad y causalidad con un objeto (es decir, lo produce) ha de ser considerado su propietario (de ahí que la proclama «la tierra para quien la trabaja» se presentara como algo que pretendía ser autoevidente). Y si parece natural que los esclavos se conviertan en propietarios de lo que su trabajo produce, el resultado es que quizá no debería haber esclavos...

En el caso de la regla de sucesión o herencia, también existe previamente la propiedad de un objeto; y, ante el fallecimiento de su dueño, se plantea el problema de quién se convertirá en el nuevo propietario. Según Hume:

> Es evidente que la persona de los hijos se presentará de forma natural a la mente, y como ya estaban relacionados con esas posesiones por medio de su padre, ahora fallecido, nos sentimos inclinados a conectarlos

todavía más mediante la relación de propiedad (*Treatise*, III, II, III, pp. 512-513)

Gracias a estas reglas que acabamos de exponer se establece la propiedad de cada individuo. Al estar basadas en asociaciones que la imaginación forma de manera natural, puede afirmarse con seguridad que habrá un consenso sobre ellas entre todos los miembros de la sociedad. Son, piensa Hume, las que se le ocurrirán a cualquiera que esté buscando criterios para la asignación de la propiedad. Esta es su justificación esencial, aunque es evidente que hay razones de corte utilitarista que pueden contribuir a fundamentarlas. No cabe duda de que en un determinado momento estas reglas deberán precisarse en su aplicación mediante la elaboración de un cuerpo de leyes positivas; según vayan creciendo el tamaño y la riqueza de una sociedad, se irá haciendo sentir, asimismo, la necesidad de una autoridad que haga cumplir estas reglas. Esta es para Hume una de las funciones del Gobierno. Dicho sin mayores rodeos: los Gobiernos están para garantizar la propiedad privada. ¿Significa que este es un derecho absoluto?

Hume piensa que no. Plantea su respuesta negativa en forma de dos preguntas retóricas: «¿Se consideraría criminal o nocivo un reparto equitativo de pan en una situación de hambre, aunque se hubiera realizado utilizando la fuerza o incluso la violencia?» (IPM, III, p. 51), y «¿Siente alguien escrúpulos en casos extraordinarios en violar toda consideración hacia la propiedad privada de los individuos y sacrificar por el interés público una distinción que se había establecido por motivo de este?» (IPM, III, p. 62).

Es más, todo lo anterior —el estudio del funcionamiento de la mente humana a la hora de asignar propiedades— pertenece a lo que podemos llamar la descripción de la estructura fundamental que ha de tener cualquier sociedad que quiera subsistir, pero si nos planteamos cuál sería para Hume el modelo de sociedad más perfecta, puede que su respuesta, que se encuentra en un ensayo titulado «Del comercio», nos parezca extraordinariamente avanzada para la realidad del siglo XVIII:

> Si es posible, toda persona debería disfrutar del fruto de su trabajo, de una posesión plena de todas las cosas necesarias y de muchas de las comodidades de la vida. Nadie puede dudar de que esta igualdad es la más adecuada para la naturaleza humana y de que disminuye la *felicidad* de los ricos en mucha menor medida que aumenta la de los pobres. También aumenta *el poder del Estado* y hace que se pague de mucha mejor gana cualquier impuesto o tributo extraordinario. Allí donde las riquezas están concentradas en unos pocos, estos tienen que contribuir mucho a la cobertura de las necesidades públicas. En cambio, cuando la riqueza está repartida entre la multitud, la carga sobre los hombros de cada uno resulta más liviana, y los impuestos no ocasionan una diferencia muy notable en el modo de vida de nadie.

> Añádase a esto que cuando la riqueza está en pocas manos todo el poder reside en ellas, y sus poseedores no tardarán mucho en conspirar para hacer que toda la carga recaiga sobre los pobres y para oprimirlos más todavía, con lo que toda laboriosidad se desalienta. (*Essays*, ed. cit. p. 265).

De vuelta al hilo principal de su análisis, ¿qué significa poner como eje central de la sociedad la función de asignación de propiedades? Pues que para Hume una sociedad no es una gran familia, un entorno donde satisfacemos nuestras necesidades emocionales más íntimas. No es lo que hoy llamaríamos una comunidad. Es una asociación de propietarios.

La introducción de la propiedad privada permite que los hombres se toleren los unos a los otros, que no se inmiscuyan en el trabajo de los demás ni les quiten las cosas de las que disfrutan. Pero, con ser esto importante, es solo un primer paso. Un segundo paso consiste en crear un medio en virtud del cual su contacto pueda ser mutuamente ventajoso. Esto es precisamente lo que consigue la invención de la regla que establece el comercio, la ley de la transferencia de la propiedad por consentimiento. De acuerdo con ella, nos afirmamos en la idea de mantener la estabilidad de la posesión excepto cuando el propietario consienta en concederla a otra persona. Dado que las diferentes partes de la Tierra producen bienes distintos, que diferentes personas están adaptadas por naturaleza (o preparadas por medio de la educación) para realizar actividades diversas y que algunas personas poseen una mayor cantidad de un bien que la que pueden utilizar en su provecho, y que al mismo tiempo carecen de otros bienes, las ventajas que pueden alcanzarse por medio del comercio resultan muy obvias. Si antes decíamos que una sociedad es una asociación de propietarios, ahora estamos viendo que para Hume la sociedad es también un mercado.

Hay otra ley o principio que puede hacer que el contacto entre los hombres sea aún más ventajoso. Al fin y al cabo, la transferencia de la propiedad por consentimiento solo afecta a bienes concretos y que estén a nuestra disposición en el mismo momento del intercambio. ¿Cómo podemos, pues, intercambiar servicios o llegar a acuerdos que impliquen la entrega en el futuro de un bien? Hume describe una relación típica de falta de cooperación:

> Tu grano está maduro hoy; el mío lo estará mañana. Es ventajoso para ambos que yo trabaje contigo hoy y que tú me ayudes mañana. No siento afecto por ti y sé que tampoco tú lo sientes por mí. Por tanto, no me tomaré ninguna molestia por tu causa; y sé que si te ayudara en función de mi propio interés, esperando que tú me ayudaras luego, me vería decepcionado y dependería en vano de tu gratitud. Te dejo, entonces, que trabajes solo y tú te comportas conmigo de la misma manera. El tiempo cambia, y ambos perdemos nuestras cosechas por falta de seguridad y confianza mutuas (*Treatise*, III, II, V, p. 454).

¿Cómo podríamos evitar la pérdida de nuestras cosechas, algo que a los dos nos perjudica? La solución a este tipo de problemas se encuentra en la creación de ciertos símbolos o signos con los que podamos ofrecer seguridad sobre nuestra conducta en el futuro. Se trata de las promesas, que aparecen definidas por nuestro autor como:

> [...] la sanción del comercio interesado de la humanidad. Cuando alguien dice que *promete una cosa*, expresa de hecho la *resolución* de hacerla; y, junto con esto, mediante el empleo de esta *fórmula verbal*, se somete al castigo de que nunca vuelva a confiarse en él en caso de incumplimiento (*Treatise*, III, II, V, p. 522).

Liberalismo y cosmopolitismo

La paz y la seguridad de la sociedad (su subsistencia) dependen enteramente de estas tres reglas que Hume denomina leyes de la justicia. La vida social solo es posible, entonces, gracias a la institución de la propiedad privada, del intercambio por mutuo acuerdo y de las promesas o contratos. Estas tres instituciones tienen su origen en el egoísmo inteligente de las personas, pues no sentimos un afecto relevante los unos por los otros; pero generan un sistema que, «incluyendo el interés de cada individuo, es por supuesto ventajoso para el público, aunque sus inventores no tenían ese propósito» (*Treatise*, III, II, VI, p. 529).

Quizá sea aquí, en este pasaje tan parecido al famoso de Adam Smith sobre la mano invisible, donde mejor se muestre el liberalismo de Hume, basado en una consideración atenta de las pasiones de los hombres. La sociedad se mantiene gracias a que nuestra inteligencia enseña a esas pasiones (los intereses propios) el camino por el que pueden satisfacerse mejor. Ya hemos visto que el ansia por adquirir bienes y posesiones es insaciable, perpetua y universal. La benevolencia hacia los extraños, en cambio, es demasiado débil para contrapesar su fuerza (es decir, no podemos confiar en la moral como cemento de la vida social), y en cuanto a las otras pasiones «más bien inflaman esta avidez, pues observamos que cuanto más grandes son nuestras posesiones más capacidad tenemos para gratificar todos nuestros apetitos» (*Treatise*, III, II, II, p. 492). El afán por poseer, por tanto, actúa en todos nosotros, y todos tenemos motivos para temer su actuación no controlada, pues esta desembocaría en una violencia que nos haría preferir una condición solitaria. Si esto no ocurre es gracias a nuestra sagacidad, a una razón que nos indica que manteniendo la vida social tenemos más posibilidades de adquirir esas posesiones que tanto deseamos y disfrutarlas de manera segura.[24]

En suma, lo importante es que los seres humanos, que actuamos de forma egoísta, seamos egoístas inteligentes.

[24] Hume está separando la cuestión del origen de las leyes de la justicia de la cuestión de su aprobación moral: «*el* interés por uno mismo es el motivo original para el establecimiento de la justicia, pero una simpatía por el interés público es la fuente de la aprobación moral que acompaña a esa virtud» (*Treatise*, III, II, II, p. 499-500).

Un egoísta inteligente se dará cuenta de que le conviene respetar a los demás y cooperar con ellos. El mismo egoísmo, que vuelve a los hombres tan molestos los unos para los otros, «tomando una dirección nueva y más conveniente» (y ello gracias a la razón) produce las reglas de la justicia (véase *Treatise*, III, II, VIII, p. 543).

Para terminar de convencernos de lo adecuado de su planteamiento merece la pena considerar cómo Hume observa que las leyes de la justicia desparecerían si cambiara la situación de los objetos externos o la propia naturaleza humana.

Si la escasez fuera sustituida por una abundancia tan plena de todas las cosas que, sin ninguna incertidumbre o trabajo, pudiéramos disponer de todas las que satisfacen a nuestros apetitos más voraces o que nuestra imaginación más exuberante pudiera desear (en suma, si todas las cosas fueran como el aire) parece evidente que la justicia desaparecería o no hubiera surgido.

Si desapareciera el egoísmo, si nos preocupáramos tanto del interés de nuestros congéneres como del nuestro, es igual de claro que la justicia no tendría sentido:

> ¿Por qué debería obligar a otro mediante un contrato o una promesa a que realizara un acto que me beneficia, cuando sé que ya se siente movido por la inclinación más fuerte a buscar mi felicidad, y que realizará voluntariamente el servicio que deseo; ...? ¿Por qué levantar mojones entre los campos de mi vecino y los míos cuando mi corazón no ha establecido ninguna separa-

> ción entre nuestros intereses, sino que comparte todas sus alegrías y penas con la misma fuerza y vivacidad que si fueran originariamente mías? (IPM, III, p. 49).

Y, por último, nos propone un experimento mental de lo más instructivo, pues muestra (pensamos que muy *hobbesianamente*) que la base del establecimiento de la justicia es la igualdad:

> Si, entremezclada con los hombres, hubiera una clase de criaturas que, a pesar de ser racionales, poseyeran una fuerza tan inferior —tanto corporal como mental— que fueran incapaces de toda resistencia, y nunca pudieran hacernos sentir ante la provocación más extremada los efectos de su resentimiento, creo que la consecuencia necesaria sería que estaríamos obligados por las leyes de la humanidad a tratar con amabilidad a esas criaturas, pero que, hablando con propiedad, no estaríamos sometidos a ninguna restricción de la justicia con respecto a ellas, ni podrían tener ningún derecho o propiedad, que serían exclusivos de sus arbitrarios señores. Nuestra relación con ellos no podría llamarse sociedad, pues esta supone un cierto grado de igualdad, sino dominio absoluto por un lado y obediencia esclava por el otro. Deberían renunciar de inmediato a cualquier cosa que nosotros codiciáramos. El único título por el que conservarían sus posesiones sería nuestro permiso. El único freno por el que podrían controlar nuestra voluntad sin ley sería

> el recurso a nuestra compasión y bondad. (IPM, III, pp. 55-56)[25]

En todo caso, convencidos de que los bienes son siempre escasos, de que el interés propio es una fuerza de suprema importancia y de que todos somos iguales (Hobbes, del que aquí Hume es un buen discípulo, decía que hasta el más débil, apoyándose por ejemplo en la sorpresa, puede matar al más fuerte), la razón nos habla de la conveniencia de la cooperación, del establecimiento de las tres leyes de la justicia mencionadas y de su respeto.

Si admitimos que esto es lo que nos dice la razón y modificamos con ello la actuación de nuestras pasiones, es seguro que en esta empresa encontraremos grandes dificultades. Una primera tiene que ver con el hecho de que simplemente muchas veces no percibimos el fuerte interés que nos ata a la observancia de las leyes de la justicia que hemos ido estudiando. Es decir, podemos no ser conscientes de todo lo que Hume ha ido argumentando hasta ahora. Estaríamos ante un fallo de nuestra inteligencia, o como también dice Hume, de nuestra *sagacidad*.

Pero también está el problema de que muchas veces no tenemos el vigor mental suficiente para, frente a los encantos y placeres del momento, perseverar en una

25 Para Hume esta es claramente la situación de los seres humanos en relación con los animales, y es la tentación a la que sucumbieron los europeos en sus tratos con los indios al considerarse tan superiores a ellos, liberándose así de todas las restricciones de la justicia. Igualmente menciona que, en muchas naciones, el sexo femenino está reducido a una esclavitud similar. De su planteamiento se deduce que la mejor forma de conseguir entrar bajo la protección de las leyes de la justicia es conseguir la igualdad de poder.

adherencia firme a un interés que, aunque sea mayor, es lejano. Hume piensa con razón que todo lo que es contiguo en el espacio y en el tiempo actúa con más fuerza que los objetos que están distantes y que se perciben por tanto a una luz más oscura. Es decir, aunque esté plenamente convencido de que mi actuación no corresponde con mis intereses a largo plazo, puede que esta reflexión no tenga la fuerza suficiente para regular mi conducta, sino que, por el contrario, «cedamos a las peticiones de nuestras pasiones, que hablan siempre a favor de todo lo que es cercano y contiguo». Y Hume continúa:

> Esta es la razón de que los hombres obren tan frecuentemente en contradicción con su interés conocido, y en particular que prefieran una ventaja trivial que está presente al mantenimiento del orden en la sociedad, que depende tanto de la observancia de la justicia. Las consecuencias de cada violación de la equidad parecen ser muy remotas y no son capaces de contrarrestar cualquier ventaja inmediata que puede obtenerse por ella. Sin embargo, no son menos reales por ser remotas, y como todos los hombres se hallan en algún grado sometidos a las mismas debilidades, sucede necesariamente que las violaciones de la equidad deben llegar a ser muy frecuentes en la sociedad y, por este medio, el comercio de los hombres debe volverse muy peligroso e incierto. Tú tienes la misma propensión que yo tengo hacia lo que es contiguo frente a lo que es remoto. Por consiguiente, eres llevado de forma natural a cometer,

> como yo, actos de injusticia. Tu ejemplo me empuja en esta dirección por imitación, y también me proporciona una nueva razón para la violación de la equidad, mostrándome que seré la víctima de la integridad si solo yo me impongo una restricción severa en medio del libertinaje de los demás. (*Treatise*, III, II, VII, p. 535).

En estas últimas frases vemos que aparece un nuevo problema. Ya no es solo que yo pueda preferir de forma natural lo inmediato a lo lejano, es que la misma disposición en los demás se convierte en un nuevo acicate para mi preferencia. Podríamos hablar así de un efecto bola de nieve, que va incrementando su tamaño según rueda cuesta abajo. En efecto, ser responsable y previsor en medio de un grupo de irresponsables no es una estrategia ni atractiva ni, seguramente, racional.

Pues bien, ¿cómo podríamos resolver estos problemas? La respuesta de Hume es que necesitamos cambiar las circunstancias y nuestra situación, y hacer que la observancia de las leyes de la justicia obedezca a nuestro interés propio y más inmediato. Este cambio se realiza gracias a la invención del Gobierno: con su acción el Gobierno me salva de mí mismo, de mi ignorancia y de mi debilidad o tendencia a preferir la frivolidad inmediata frente a lo importante pero lejano y de las acciones perniciosas de los demás. El Gobierno hace que mi interés inmediato sea obedecer las reglas de la justicia (que ya sabemos que son mi interés permanente y real) porque sé que si no lo hago seré castigado; y también sé que ese mismo Gobierno va a castigar a los demás si no respetan las leyes. Aumenta, en suma, mi protección. Si nos damos cuenta, esta solución ya había aparecido: era la que proporcionaba Hume para tratar a los bribones inteligentes si eran reacios a mejorarse moralmente.

Lo anterior es el fundamento de cualquier Estado o nación. Se trata de un interés racional: proteger a los individuos en cuanto al disfrute de los objetos que poseen, permitirles que los intercambien de tal forma que salgan beneficiados, y conseguir que tenga sentido el que realicen o reciban promesas que saben que se cumplirán. Y esto nos lleva a una pregunta de gran trascendencia. Estas mismas leyes de la justicia que aseguran la vida social, ¿no se aplican igualmente a las relaciones entre las diferentes sociedades?

Hume ofrece una respuesta matizada. Hasta cierto punto está claro que sí, porque si todas las naciones soñaran con despojar de sus posesiones a los miembros de otras sociedades (invadiendo el país, etcétera), viviríamos en una situación de guerra permanente a escala internacional. Si no se considerara la posibilidad de la transferencia de la propiedad por consentimiento, no habría comercio internacional, con lo que los miembros de los diversos países no podrían beneficiarse de los productos de otros climas y suelos o del desarrollo de otras habilidades; y, por último, sin la institución de las promesas no tendrían sentido las alianzas, los tratados, etcétera, con todo lo que suponen en cuanto a cooperación y apoyo mutuo. Como escribe Hume: «Las ventajas, por tanto, de la paz, el comercio y el socorro mutuo, hacen que extendamos a los diferentes reinos las mismas nociones de justicia que tienen lugar entre los individuos» (*Treatise*, III, II, XI, pp. 567-568).

El único matiz sobre el que se nos previene es que, mientras que del cumplimiento de estas leyes dentro de una sociedad depende su propia existencia (y por tanto de la naturaleza humana, llega a decir), en el caso de las relaciones entre las naciones, por ventajosa que sea una situación de paz, no está en juego nuestra subsistencia.

Ahora bien, si atendemos al pensamiento de Hume en su conjunto esto último es muy de lamentar, dado que el progreso que cada país obtiene gracias al comercio beneficia también a los demás y parece por tanto evidente que nos interesa incrementarlo. Esto es algo de lo que estaba tan convencido como para terminar su ensayo titulado «De la suspicacia respecto al comercio» con estas palabras: «No solo como hombre, sino también como súbdito británico, hago votos por el comercio floreciente de Alemania, España, Italia e incluso la misma Francia» (*Essays*, ed. cit., p. 331). Aparte de la justificación moral («como hombre»), ¿cuál es la justificación como miembro de una nación?

La idea de Hume es que, cuando se producen y perfeccionan un gran número de artículos para el mercado interno, siempre se encontrarán algunos que pueden ser exportados de forma ventajosa. Pero ¿cómo podrían comprarlos nuestros vecinos si no tienen nada que ofrecernos a cambio? Así pues, necesitamos que las otras sociedades sean ricas y prósperas para que puedan consumir el producto de nuestras actividades y nosotros podamos así incrementar nuestra riqueza. A este respecto, escribe Hume en el mismo ensayo:

> [...] los Estados están en la misma situación que los individuos. Difícilmente podrá ser laboriosa una persona si sus conciudadanos son ociosos. La riqueza de los distintos miembros de una comunidad contribuye a aumentar mi propia riqueza, sea cual fuere la profesión que adopte. Ellos consumen el producto de mi laboriosidad, y me proporcionan a cambio el producto de la suya (*Essays*, ed. cit, p. 329).

Además, como también escribe Hume en su ensayo «Del dinero»:

> [...] parece existir una feliz concurrencia de causas en los asuntos humanos que controla el crecimiento del comercio y la riqueza, y que evita que se confinen enteramente a un pueblo, como cabría temerse de forma natural en un principio dadas las ventajas de un comercio establecido. Cuando una nación ha tomado la delantera a otra en el comercio, le resulta muy difícil a la última recuperar el terreno perdido, y ello debido a la superior laboriosidad y destreza de la primera nación y a las mayores existencias que poseen sus mercaderes, que les permiten comerciar con márgenes mucho más reducidos. Pero estas ventajas se compensan

> en alguna medida debido al bajo precio de la mano de obra en todas las naciones que no tienen un comercio extenso ni gran abundancia de oro o plata. [...] Y podemos observar, en general, que el alto precio de todas las cosas, que provoca la abundancia de dinero, es una desventaja que acompaña al comercio establecido, y le pone límites en todos los países, al permitir a los estados más pobres vender en todos los mercados a menor precio que los ricos. (*Essays*, ed. cit., pp. 283-284).

Es decir, hay una tendencia natural al equilibrio y a la igualdad entre las naciones, que son vistas, por tanto, como algo parecido a unos vasos comunicantes entre los que se va distribuyendo la riqueza (siempre, por supuesto, que entren en esas transacciones internacionales). Luego, el comercio exterior aparece como una oportunidad de incrementar la riqueza de las personas o de las naciones, incluyendo a las que en un primer momento pudieran estar o parecer más desfavorecidas. ¿Cuál es el efecto de este incremento y difusión de la riqueza en el estilo de vida predominante en una sociedad?

Para Hume el resultado es la aspiración a un modo de vida más espléndido que el de nuestros antecesores. Si durante mucho tiempo se consideró al lujo como una fuente de corrupción en el Gobierno y un vicio, Hume se incluye entre los que intentan probar que el refinamiento en los placeres y comodidades de la vida tiende más bien al incremento de la laboriosidad, de la civilización y de las artes. Y el resultado final es la felicidad, pues esta, para Hume, depende de la acción (que tengamos algo que hacer), del placer (que disfrutemos de cosas y experiencias) y de la indolencia (que tengamos la oportunidad de descansar). El tema se desarrolla de la siguiente manera en su ensayo «Del refinamiento en las artes», y el texto es tan importante que merece la pena leerlo dos veces:

> En los tiempos en los que florecen la industria y las artes, las personas se mantienen ocupadas de forma permanente y disfrutan, como su recompensa, de la propia ocupación, así como de esos placeres que son el fruto de su trabajo. La mente adquiere nuevo vigor, aumenta sus poderes y facultades y, gracias a la asiduidad en una actividad honesta, satisface sus apetitos naturales e impide que crezcan los antinaturales, que suelen aparecer alimentados por la indolencia y la ociosidad. Si se destierran estas artes de la sociedad, se priva a la gente tanto de la acción como del placer y, al no dejar nada más en su lugar que la indolencia, se destruye incluso el gusto por ella, que no es nunca agradable sino cuando llega después del trabajo y sirve de recuperación para el pensamiento, agotado por la mucha aplicación y la fatiga. (*Essays*, ed. cit, p. 210).

En suma, es la vida activa y ocupada en una sociedad muy dinámica y en progreso continuo la que nos hace felices.

Por supuesto, cabe subrayar que Hume no está hablando de la situación real de la mayoría de los trabajadores de su época. Como ya hemos mencionado, Adam Smith describe mucho mejor los efectos embrutecedores de las condiciones laborales del momento y los problemas que ello planteaba. Pero, creemos que, si leemos el texto de Hume desde una perspectiva muy abstracta, como una reflexión general sobre cómo podría ser una vida ideal, aparece algo muy importante: si el trabajo, aparte de ser una fuente de recursos, se disfruta por sí mismo, seremos más felices. Cómo podría darse esta situación sigue siendo algo que preocupa, y mucho, a nuestras sociedades actuales.

En todo caso, Hume piensa, además, que la laboriosidad y el desarrollo de las artes mecánicas suelen contribuir al desarrollo de las artes liberales (la literatura, la pintura, el arte de conversar en un café o en un salón, etcétera). Podríamos decir que el espíritu de la época afecta a todas las artes, sin que las unas puedan llevarse a la perfección sin ir acompañadas en alguna medida de las otras. Donde hay tejedores hábiles y constructores de barcos habrá filósofos, políticos y poetas; y donde hay filósofos habrá progreso técnico y científico, pues como escribe también:

> De forma razonable no podemos esperar que se produzca una pieza perfecta de paño de lana en una nación que ignora la astronomía, o donde se descuida la ética. [...] las mentes de los hombres, una vez que han despertado de su letargo y entrado en ebullición, vuelven su atención en todas direcciones y llevan mejoras a todas las artes y las ciencias. La ignorancia profunda queda totalmente desterrada y las personas gozan de los privilegios de las criaturas racionales: pensar tan-

> to como actuar; cultivar los placeres de la mente así como los del cuerpo (*Essays*, ed. cit, pp. 270-271).

La mente, una vez que se despierta de su letargo (por ejemplo, de aquel en el que estaba sumido el mundo medieval), se despliega en todas direcciones, logrando que los seres humanos se vuelvan más sociables, encuentren un gran placer en transmitir y recibir conocimientos o, simplemente, en relacionarse en lugares o asociaciones donde puedan mostrar su talento e ingenio o satisfacer su curiosidad; lo cual incrementa su sentimiento de humanidad. Es decir, según esta interpretación de la historia, cuanto más ricas y cultas se vuelven las personas, más sociables devienen, y cuanto más disfrutan de la compañía de los demás, más aumenta su sentido de humanidad, o la importancia de la moral en sus vidas.[26]

Tenga o no razón Hume en esta idea de que progreso material y moral van de la mano, es muy importante observar que nuestra situación como habitantes del siglo XXI ha cambiado mucho desde que propuso sus ideas. El descubrimiento de la energía atómica y de su capacidad destructiva, el crecimiento industrial y su efecto sobre el medio ambiente, etcétera, han ido convirtiendo en cada vez más necesaria esa extensión de las tres leyes mencionadas a las relaciones internacionales.

[26] Es fácil percibir una contraposición radical con el pensamiento de Rousseau. Mientras según la teoría de Hume el progreso material se acompaña de progreso moral, Rousseau escribe en su *Discurso sobre las ciencias y las artes* que «nuestras almas se han corrompido a medida que nuestras ciencias y nuestras artes han avanzado a la perfección.» (Rousseau, ed. cit., p. 152).

Si Hume observaba que no cumplirlas en el ámbito de una sociedad pone en peligro a la naturaleza humana, ahora vemos que la situación es la misma en el ámbito de las relaciones entre las naciones en un mundo cada vez más interdependiente. Hume pudo escribir con confianza que:

> [...] somos conscientes de que se promueve mejor el interés general de la humanidad cuando cada hombre consulta el bien de su propia comunidad que mediante opiniones indeterminadas e imprecisas sobre el bien de la especie, de las que no podría resultar jamás ninguna acción provechosa por falta de un objeto debidamente limitado sobre el que pudiera emplearse. (IPM, V, p. 93, nota a pie de página).

Pues bien, esto ha cambiado por completo. Hoy esta disyuntiva acerca de cómo promover mejor el interés general de la humanidad, si consultando el bien de la propia nación o mediante «opiniones indeterminadas» sobre el bien de la especie, nos resulta falsa, porque estamos en condiciones de formar opiniones bien precisas sobre el bien de la especie. Para nosotros, miembros de una sociedad verdaderamente global, todos los habitantes del planeta se han convertido en eso que para Hume faltaba en el siglo XVIII, «un objeto debidamente limitado» al que esperar alcanzar con nuestras acciones.

Así pues, como conclusión, en virtud de la lógica del pensamiento de Hume aplicado a nuestro paradigma

Hume y el pensamiento ilustrado

Es fácil concluir que Hume es uno de los filósofos más importantes de la Ilustración, especialmente representativo de muchas de sus características. Dos interesantes reflexiones históricas permiten concretar este punto.

En primer lugar, como dice Peter Gay, uno de los mejores estudiosos de este período: «En el siglo de la Ilustración los europeos despertaron a un nuevo sentido de la vida. Experimentaron un sentido expansivo de poder sobre la naturaleza y sobre ellos mismos: los ciclos despiadados de epidemias, hambrunas, vida arriesgada y muerte temprana, guerras devastadoras y paces inestables —el camino trillado de la existencia humana— parecía por fin estar cediendo ante la aplicación de la inteligencia crítica. El miedo al cambio, hasta ese momento casi universal, estaba dando paso al miedo al estancamiento» (*The Enlightenment: An Interpretation. The Science of Freedom*. Norton, Nueva York y Londres, 1977, p. 3.).

En segundo lugar, es importante mencionar la enumeración que de los principales temas de la Ilustración proporcionó hace tiempo el filósofo y antropólogo Ernest Gellner. Este autor habla de un síndrome, al que de una manera muy acertada denomina *«el síndrome del pensamiento progresista»*, y que presenta algunas de las características siguientes: el anticlericalismo y la hostilidad hacia la religión; el rechazo de las explicaciones sobrenaturales o «espirituales» de los fenómenos; la adhesión o preferencia por las explicaciones de los fenómenos en términos de la estructura y la actividad de la materia; la firme esperanza de que todos los hechos de la naturaleza y del hombre puedan ser explicados en términos naturales e intramundanos; el determinismo; el empirismo en epistemología; el hedonismo y/o egoísmo en psicología; la creencia en la razón como guía y árbitro de la vida; el rechazo de la autoridad de la tradición; el utilitarismo en la ética; el pragmatismo con respecto a la teoría de la verdad; la creencia en el poder de la educación y del gobierno, así como en la posibilidad del mejoramiento deliberado de la vida humana.

Gellner destaca que estas ideas tienen raíces bien antiguas y una larga historia, pero el pensamiento ilustrado formó con ellas un sistema que constituye una original visión del mundo. Y si esta visión del mundo tan característica del siglo XVIII actualmente no nos incita o estimula mucho, «ello se debe en parte a que sus exponentes realizaron su labor muy bien y con éxito. Lo que predicaban se ha convertido en terreno común, compartido hasta por los sucesores de sus adversarios de antaño.

«El materialismo francés del siglo XVIII», en D. J. O'Connor (Comp.): *Historia crítica de la filosofía occidental. III- Racionalismo, iluminismo y materialismo en los siglos XVII y XVIII.* Ed. Paidós, Barcelona, 1983, p. 172.

actual, lo que cabría tanto esperar como desear sería el incremento del comercio a escala mundial y una paulatina reducción de las soberanías nacionales en favor de una soberanía mundial, en favor de acuerdos y organizaciones que tomaran en consideración los intereses del conjunto de la humanidad.

Al fin y al cabo, esto es lo moral, porque, como insiste Hume una y otra vez, tenemos un sentimiento natural de benevolencia —lo convirtamos o no en una fuente de actuación— que nos lleva a apreciar y aprobar todo aquello que promueva los intereses de nuestra especie y nos haga felices. Luego no es solo nuestro interés a largo plazo el que nos lleva a trascender los límites de las naciones y buscar una convivencia mundial en la que podamos sentirnos más seguros y beneficiarnos de intercambios mutuos y de la ayuda que los demás puedan proporcionarnos, sino que actuando desde esa perspectiva global manifestamos lo mejor que hay en nosotros. A este respecto, lo verdaderamente importante no es la nación de la que formamos parte, sino la humanidad a la que pertenecemos. Hume comprendió muy bien que el comercio acerca a las sociedades, hace que sus costumbres se vuelvan más similares y, además, incrementaba la humanidad de las personas.

Diderot acertó de pleno cuando, el 22 de febrero de 1768, le escribió a Hume en una carta:

> Mi querido David, perteneces a todas las naciones, y nunca le preguntarás a un hombre infeliz por su certi-

ficado de nacimiento. Me congratulo de que soy, como tú, un ciudadano de la gran ciudad del mundo.[27]

[27] Citado por Peter Gay: *The Enlightenment. An Interpretation. The Rise of Modern Paganism*. Norton. Nueva York y Londres, 1966, p. 13. En una de sus cartas Hume se describe a sí mismo como «un ciudadano del mundo», *Letters*, ed. cit, I. p. 470.

Bibliografía

Principales obras de Hume

Tratado de la naturaleza humana (1739-1740)
Sin duda alguna, su gran obra filosófica. Se trata del intento de hacer la anatomía de la naturaleza humana de una manera sistemática, sacando solo las conclusiones que estén avaladas por la experiencia y preguntándose si no cabe alcanzar así la misma precisión que han logrado ya diversas partes de la filosofía natural. Hay dos buenas traducciones de esta obra. Una es la edición preparada por Félix Duque (Tecnos, Madrid, 4.ª ed., 2005) y otra con un estudio introductorio por José Luis Tasset (Gredos, Madrid, 2012).

Resumen del «Tratado de la naturaleza humana» (1740)
El intento de Hume de dar a conocer su gran obra, resumiendo para ello sus argumentos más importantes en relación con el alcance del conocimiento humano. La mejor introducción a esta parte de su filosofía. Hay una edición bilingüe con estudio introductorio y glosa-

rio de José Luis Tasset en la editorial Literatura y ciencia, Barcelona, 1999.

Investigación sobre el entendimiento humano (1748)
Se trata de la reelaboración del Libro I, «Del entendimiento», del *Tratado de la naturaleza humana.* De estilo más claro y a menudo más tajante. En una carta dirigida a un amigo le recomendaba que no leyera el *Tratado*, puesto que en este nuevo libro, al abreviar y simplificar las cuestiones, en realidad las volvía mucho más completas. Se añadían dos nuevas secciones, «De los milagros» y «De la providencia particular y de la vida futura». Contamos con una edición bilingüe con introducción, notas y comentarios de Vicente Sanfélix Vidarte, traducción de Vicente Sanfélix Vidarte y Carmen Ors, y Epílogo de Barry Stroud, en Istmo, Madrid, 2004. También hay otra excelente edición con un título algo diferente: *Investigación sobre el conocimiento humano.* Traducción de Jaime de Salas Ortueta. Alianza Ed., Madrid, 2015.

Investigación sobre los principios de la moral (1751)
Se ha escrito que la filosofía moral resulta con frecuencia vacía y aburrida. No es el caso de esta obra de Hume, en la que se intenta presentar a la moral con todos sus encantos, buscando su origen e insistiendo en que los deberes éticos constituyen también el verdadero interés de cada individuo. Una especie de manual para ser feliz y triunfar en la vida, de acuerdo con los criterios

elegantes del siglo XVIII, criterios que continúan siendo los de nuestras sociedades actuales. Me permito recomendar mi propia edición, David Hume: *Investigación sobre los principios de la moral.* Introducción, prólogo y notas de Gerardo López Sastre. Espasa-Calpe, Madrid, 1991. Actualmente esta obra y la anterior se encuentran recogidas en un volumen publicado en 2007 por la editorial Tecnos con un extenso prólogo de Jaime de Salas.

Historia natural de la religión (1757)
Toda una declaración de intenciones. Explica la religión como un fenómeno «natural», para lo cual recurre a las disposiciones mentales de las personas y a sus circunstancias históricas y sociales. Así se explica su historia, que resulta ser un vaivén entre el politeísmo y el monoteísmo en el que la superstición más vulgar siempre anda al acecho. Contamos con una edición bilingüe. Introducción de Sergio Rábade; traducción de Concha Cogolludo. Editorial Trotta, Madrid, 2003; también podemos acudir a la edición de la editorial Tecnos (Madrid, 3.ª edición, 2007) con estudio preliminar, traducción y notas de Carlos Mellizo; y existe una edición conjunta de este texto junto con los *Diálogos sobre la religión natural.* David Hume: *Historia natural de la religión. Diálogos sobre la religión natural.* Prólogo de Javier Sádaba. Traducción de Angel J. Cappelletti, Horacio López y Miguel A. Quintanilla. Ed. Sígueme, Salamanca, 1974.

Diálogos sobre la religión natural (1779)

Una obra magistral, entre filosófica y literaria, que Hume no consiguió ver publicada en vida. Elaborada en forma de conversación entre tres personajes imaginarios, Filón opone su escepticismo al supuestamente «refinado espíritu filosófico» de Cleantes y a la ortodoxia inflexible de Demea. Se discute, se forjan alianzas quizá insospechadas, hay una retractación final que ha desconcertado a más de un estudioso (aunque basta con leerla con atención para ver que es más aparente que real). En la terminología contemporánea, diríamos que esta obra es, entre otras cosas, la contribución de Hume a la sociología del conocimiento y a la filosofía de la sospecha. Hay varias ediciones en español, aparte de la publicada junto con la *Historia natural de la religión* que hemos mencionado hace un momento. Una de las más recientes es *Diálogos sobre la religión natural.* Estudio preliminar de Manuel Garrido. Traducción de Carmen García-Trevijano. Editorial Tecnos, Madrid, 2004.

Ensayos morales, políticos y literarios (recopilación de ensayos aparecidos en diferentes fechas)

El título ya dice mucho. Hume habla de los caracteres nacionales, de la tragedia, del auge y el progreso de las artes y las ciencias, de la dignidad o mezquindad de la naturaleza humana, etcétera. Algunos ensayos están relacionados con la situación política o económica del momento, pero para otros no ha pasado el tiempo y conservan la capacidad de dar que pensar al lector.

Una edición de todos los ensayos es David Hume: *Ensayos morales, políticos y literarios*. Edición, prólogo y notas de Eugene F. Miller. Traducción de Carlos Martín Ramírez. Ed. Trotta, Madrid, 2.ª edición, 2024. Diferentes selecciones de estos ensayos, atendiendo a criterios temáticos, pueden encontrarse en las editoriales Tecnos y Alianza.

Historia de Inglaterra (1754-1761)
Su obra más extensa y la que le hizo más famoso en su tiempo. Aunque hoy raramente es leída, resulta interesante en tanto que narración filosófica que nos habla de los males y las guerras que ocasionan las facciones y los fanatismos. En medio de este hilo argumental, se introducen anécdotas e historias interesantes y sorprendentes. Hay una traducción al español del siglo XIX realizada por Eugenio de Ochoa.

Todas las obras de Hume, incluyendo la voluminosa *Historia de Inglaterra*, están disponibles en inglés de forma gratuita en Hume Texts Online (davidhume.org).

Bibliografía secundaria

Quienes estén interesados en la teoría del conocimiento deben acudir al detallado *Hume y el fenomenismo moderno*, del profesor Sergio Rábade (Sergio Rábade Romero: *El Empirismo. David Hume. Obras II*. Trotta, Madrid, 2013; publicado originariamente por la editorial Gredos). Para la filosofía moral de nuestro autor, una buena panorámica es José Luis Tasset: *La ética y las pasiones. Un estudio de la filosofía moral y política de David Hume*. Universidade da Coruña. A Coruña, 1999. La biografía y el pensamiento de Hume son una parte muy importante del estudio de Denis C. Rasmussen, *El infiel y el profesor. David Hume y Adam Smith. La amistad que forjó el pensamiento moderno*. Traducción de Alex Guàrdia Berdiell. Arpa y Alfil Editores, Barcelona, 2017.

Por lo demás, una enorme variedad de análisis de temas de un autor tan polifacético como era Hume se encuentra en los siguientes volúmenes colectivos:

Margarita Ardanaz; Gerardo López Sastre; Félix Martín; Yolanda Ruano; Jaime de Salas (Comps.): *David Hume. Perspectivas sobre su obra*. Editorial Complutense, Madrid, 1998. Y Gerardo López Sastre (Coord.): *David Hume. Nuevas perspectivas sobre su obra*. Ediciones de la Universidad de Castilla-La Mancha, Cuenca, 2005.

También hay que mencionar dos volúmenes monográficos dedicados a Hume. El de *Daimon. Revista Internacional de Filosofía*, coordinado por Gerardo López Sastre y Vicente Sanfélix Vidarte, «David Hume: en el tercer centenario de su nacimiento», n.º 52, enero-abril 2011 (disponible en https://revistas.um.es/daimon/issue/view/10581) y el de *Araucaria. Revista Iberoamericana de Filosofía, Política, Humanidades y Relaciones Internacionales*, 40, segundo semestre, 2018, coordinado por Gerardo López Sastre (https://revistascientificas.us.es/index.php/araucaria/issue/view/598).

Cronología

Vida y obra de Hume	Historia, pensamiento y cultura
1711. El 7 de mayo nace en Edimburgo David Hume.	
	1714. G.W. Leibniz publica la *Monadología*.
	1719. Daniel Defoe publica *Robinson Crusoe*.
	1726. Aparecen los *Viajes de Gulliver*, de Jonathan Swift.
	1734. Voltaire publica sus *Cartas filosóficas*.
1739. Publicación de «Del entendimiento» y «De las pasiones», los dos primeros libros del *Tratado de la naturaleza humana*.	
1740. Publicación del tercer libro del *Tratado de la naturaleza humana*, «De la moral».	
1741. Publicación del primer volumen de *Ensayos morales y políticos*. El segundo volumen aparecería un año más tarde.	

Vida y obra de Hume	Historia, pensamiento y cultura
1745. Se le deniega la cátedra de Ética en la Universidad de Edimburgo.	
1748. Aparecen publicados los *Ensayos filosóficos sobre el entendimiento humano*, que más tarde pasaron a titularse *Investigación sobre el entendimiento humano*.	
1751. Se publica la *Investigación sobre los principios de la moral.*	**1751.** D'Alembert y Diderot comienzan su *Enciclopedia*.
1754-1761. Publicación de la *Historia de Inglaterra*.	
	1756. Voltaire publica su *Ensayo sobre las costumbres*.
1757. Publicación de la *Historia natural de la religión*.	
1762. Hume invita a Rousseau a Gran Bretaña.	**1762.** El Parlamento de París ordena la quema de la obra *Emilio*, de Rousseau, y la detención de su autor. Publicación de *El contrato social.*
1763. Secretario del embajador británico en París.	
1769. Se establece definitivamente en Edimburgo.	**1769.** Nacimiento de Napoleón.
1775. Cae gravemente enfermo.	
1776. El 25 de agosto fallece David Hume.	**1776.** Declaración de Independencia de Estados Unidos. Adam Smith publica *La riqueza de las naciones*.